LYDIA CASSATT LISANT LE JOURNAL DU MATIN

HARRIET SCOTT CHESSMAN

Lydia Cassatt lisant le journal du matin

Roman

Traduit de l'américain
par Mirèse Akar

QUAI VOLTAIRE

Titre original :
Lydia Cassatt reading the Morning Paper
The Permanent Press & Seven Stories Press, 2001.

L'inachevé est notre paradis.
WALLACE STEVENS (*Poèmes de nos parages*).

À M. Lucia Kuppens, O.S.B., et à l'abbé de Regina Laudis.

Et aussi à la mémoire de Shirley Martin Prown.

Recordáre.

Ce récit m'a été inspiré par la vie de l'artiste impressionniste américaine Mary Cassatt (1844-1926) et par celle de sa sœur Lydia Cassatt (1837-1882). Chacun de ses cinq chapitres s'attache à une des toiles où Mary peignit Lydia. Je me suis efforcée de rester aussi près que possible de la vérité biographique des Cassatt, et pourtant, ceci est à n'en pas douter une œuvre de fiction. Les peintures elles-mêmes, si émouvantes et séduisantes, ont attiré mon attention sur la figure de Lydia, constamment représentée par sa sœur. Je me suis immiscée dans leur univers par la pensée, par l'imagination et par le rêve.

Sommaire

I. *Femme lisant*

Dans mon rêve, je descends les cinq étages pour me retrouver dans l'avenue, à Paris, mais quand j'ouvre la lourde porte d'entrée, c'est à Hardwicke, sur la véranda, que je suis. Robbie pousse May dans une voiturette le long de l'allée caillouteuse et, plus loin dans la prairie, je sais qu'Aleck commence à préparer ses chevaux aux sauts d'obstacles. La journée est radieuse, et je cours en direction de l'écurie pour seller Juno quand soudain

Paris, septembre 1878.

1.

— Tu veux bien poser pour moi demain, Lyd ?

Le regard de May me sollicite avec optimisme. Tandis que nous nous attardions à table, après le petit déjeuner, je lui ai montré quelques nouveaux patrons de robes. D'abord charmante, son expression me paraît maintenant se teinter d'inquiétude, et je lui dis :

— Mais oui, pourquoi pas ?

— Mère pense que ça te fatiguera trop.

— Oui, en effet, confirme à haute voix Mère, depuis la pièce voisine.

— N'importe quoi ! Je me sens tellement mieux maintenant !

Je sirote mon café, imaginant le parcours jusqu'à l'atelier de May. Il n'est qu'à quelques rues de chez nous, tout près de la place Pigalle, mais je viens d'être malade et je me suis de toute façon attachée à ce pigeonnier, notre appartement de l'avenue Trudaine, dans le IXe arrondissement. Nous nous trouvons à Paris, quoique en même temps dans notre univers propre, sis au cinquième étage : nous sommes en quelque sorte devenus une nation, La Nation Cassatt, petite et assiégée par moments, et néanmoins indépendante. Dans la cuisine, Lise, la nouvelle bonne, entrechoque les assiettes. On entend Père froisser le journal, dans le petit salon. Il nous a fait lecture de quelques passages du *Petit Parisien.*

Je me lève pour regarder par la fenêtre. Par-delà les toits des immeubles d'en face, je vois les maisons blanc et crème qui montent à l'assaut de la butte Montmartre, au milieu des arbres et des jardins. Dirigeant mon regard vers l'avenue Trudaine, j'aperçois une fille en manteau bleu roi et chapeau rouge qui parcourt l'artère à toute allure, accompagnée d'un chien. Je suis profondément séduite par tout cela, par cette vie brillante et exotique.

— Je pourrais demander qu'on vienne nous chercher en voiture, Lyddy.

— Pour aller à quelques pas d'ici, May ! Ne sois pas sotte !

— L'idée de la voiture n'est pas mauvaise, dit Mère, pénétrant dans la salle à manger.

Elle porte ses lunettes, sa vieille robe d'intérieur blanche et son châle de laine léger. Je me fais la réflexion qu'elle commence vraiment à accuser son âge.

Je sais que May a besoin que je pose pour elle. En partie, bien sûr, pour éviter de payer quelqu'un d'autre. Rétribuer régulièrement un modèle, cela finit évidemment par revenir cher, et Père est sans cesse en train de la tanner pour qu'elle devienne autonome et assume la totalité de ses frais, y compris la location de l'atelier.

« Réfléchis un peu, May, lui a-t-il dit ce matin, comme nous nous mettions à table pour le petit déjeuner. Pense à ce que nous coûte ton travail, et fais le compte de ce que tu as vendu cette année ! Il ne faut pas que tu perdes ça de vue. »

J'aperçois deux jeunes gens sur l'avenue. Élégamment vêtus, ils parlent et gesticulent avec la dernière vigueur, tout en marchant. J'ouvre grande la fenêtre et, pour mieux voir, je me penche quelques instants par-dessus le petit balcon. Peut-être May les connaît-elle ? Peut-être se dirigent-ils vers un des cafés de la place Pigalle, pour fumer des cigarettes, boire du café et débattre de questions artistiques... Je rencontre souvent des hommes de ce genre, assis en terrasse dans un de ces établissements évoquant Le Rat Mort, celui qui a la préférence de Degas. Il arrive aussi que des femmes les fréquentent : tout en cheminant avec May, j'y vois à l'occasion des mères et des grands-mères à la mine épanouie, accompagnées de charmants enfants, occupées à manger des tranches de melon ou de la tarte à l'abricot.

Une fois, j'ai repéré une femme assise tout près d'un jeune homme. J'ai surpris celui-ci en train de se blottir contre elle, de poser des baisers sur son cou et, avant de pouvoir me résoudre à détourner d'eux mon regard, j'ai entrevu l'expression qui se lisait sur le visage de la femme : un mélange de froideur, de rouerie et de plaisir.

— Je pense que j'irai au Bois aujourd'hui. Pour faire un peu courir ton cheval, annonce Père gaiement.

Je regarde par-dessus l'épaule de May. Elle étudie attentivement un patron que j'ai choisi chez Worth's, celui d'une robe-bustier.

— Elle serait ravissante sur toi dans une soie jaune, dis-je.

May lève les yeux vers moi. C'est manifestement de son regard de peintre qu'elle me considère. Intérieurement, je tressaille. Je me sens toujours intimidée quand quelqu'un me regarde. Je me redis qu'elle reste ma sœur cadette de sept bonnes années, même si elle a trente-quatre ans aujourd'hui, et qu'en dépit de cela, certains jours, je me sens bien plus jeune qu'elle. Je ne peux m'empêcher de me demander ce qu'elle me trouve d'intéressant. Je suis aussi banale qu'une miche de pain.

Comme si elle avait lu dans mes pensées, May sourit. Elle est en train de peler une orange avec un petit couteau.

— Tu ne seras pas obligée de regarder droit devant toi. Tu pourras poser en train de lire.

— Ah bon.

Je souris et je prends place à table en face d'elle. May qui me connaît bien sait qu'au sein de la Nation Cassatt, mon petit domaine personnel est riche de livres semés partout : au creux des troncs d'arbres, sous les buissons couverts de baies, sur les bancs au bord des ruisseaux. Ma maisonnette est constituée de livres : romans anglais et français, et recueils de poèmes à tranche dorée. Moi qui suis tellement sage, qui me dévoue entièrement à la vie familiale, je n'ai plus aucun sens de la mesure sitôt que je me retrouve dans mon domaine. Je lis des heures durant, souhaitant de tout mon cœur que la muraille qui m'entoure me protège sans faille, qu'aucune main n'en pousse la porte d'entrée, que le loquet de celle-ci soit rongé par la rouille.

— Nous aurions vraiment dû rapporter de la campagne un peu plus de ce miel, dit Mère dont les lunettes viennent de glisser sur le bout de son nez.

Elle est en train d'établir la liste des courses que doit faire Lise aujourd'hui.

— Je suis sûre que nous pourrons trouver du bon miel ici ou là dans Paris, répond May flegmatiquement. Tu n'as pas mangé d'orange ce matin, Lyddy, n'est-ce pas ? me demande-t-elle en me tendant un quartier de la sienne.

Les pelures dessinent un cercle sur son assiette.

J'accepte le quartier d'orange.

— Tu pourrais peut-être te contenter de me peindre de dos.

— Mais non, Lyddy. Je veux avoir sur la toile ton beau visage.

Elle me regarde d'un air taquin et, *l'espace de quelques instants, je suis de nouveau à cheval à la campagne, à West Chester, Pennsylvanie. Le printemps n'est pas très avancé, il y a encore des plaques de neige sur le sol et nous avons dû rentrer de notre long séjour en Europe il y a environ un an. Nous avions enterré Robbie en Allemagne. Je me revois en train de monter à cheval avec Aleck et son ami de Yale, Thomas Houghton. La journée est froide et, quand nous mettons pied à terre, je retire mes gants et me frotte les mains, les appro-*

chant de ma bouche. Thomas se tient à mes côtés. « Tu as froid ? » demande-t-il en prenant entre les siennes mes mains qu'il frictionne et porte presque à ses lèvres.

— Que dirais-tu d'un portrait de profil ?

— Si ça fait ton affaire, May, je ne suis pas contre.

— Ça fait parfaitement mon affaire. Nous le mettrons en chantier demain matin.

Je pense à cette plage de tranquillité que pourrait être cette journée de demain, West Chester englouti dans le tourbillon du passé, de même que Philadelphie et Pittsburgh, et moi entièrement adonnée à ma nouvelle vie à Paris : je devise avec Mère et Père, je lis un roman, je regarde mes différents patrons, tout cela avec l'espoir d'échapper miraculeusement, d'une façon ou d'une autre, à l'état où je me trouve et de recouvrer la santé. J'anticipe la lente descente des cinq étages jusqu'à l'avenue, puis le trajet à pied, aux côtés de May, par un après-midi de fin septembre. Je préfère le trajet le plus long, celui qui nous fait parcourir l'avenue Trudaine jusqu'au jardin public de la place d'Anvers, cela à cause des arbres, de l'îlot de verdure. Il nous faut alors remonter le trépidant boulevard Rochechouart et le boulevard de Clichy pour déboucher enfin sur la place Pigalle, et, en chemin, j'aurai été stimulée, excitée par une multitude de choses : les tramways, les ouvriers, les employés de magasin, les trottoirs, encore humides d'avoir été lavés à grande eau, l'odeur du café et du pain, et aussi celle du crottin.

— Demain matin, oui, dis-je, me sentant vaillante quand bien même je reste inquiète, et je crois voir ma petite embarcation, faisant eau de toutes parts, tressauter dans le sillage de l'imposant navire de ma sœur, qui a mis le cap sur Dieu sait quelle destination.

ii.

Je m'enfonce dans le fauteuil bien rembourré de l'atelier de ma sœur, le journal entre les mains.

Après le petit déjeuner, ce matin, Mère m'a demandé plus de dix fois si je me sentais d'aplomb, exigeant que May ne travaille qu'une heure, deux tout au plus. Cependant que je mettais mon bonnet et mes gants, Père a commencé à se ronger lui aussi, et à s'enquérir : « Tu n'as pas froid, Lyddy ? » Puis : « May, fais en sorte qu'elle se lève pour se détendre, au moins toutes les demi-heures. » Puis il a prié Lise d'« apporter les pantoufles de Mlle Cassatt, et… pourquoi pas un petit coussin par la même occasion ? ». Voyant qu'ils faisaient tant d'histoires, j'ai remis en question, comme à mon habitude, l'idée même de poser. Si je suis à bout de forces avant que de franchir le seuil de notre appartement, comment envisager de rendre ce service à May ?

J'entends l'incessant tumulte, le brouhaha de la ville qui parviennent par les fenêtres de l'atelier de May. Je pense aux magasins devant lesquels nous sommes passées ce matin et qui, même dans ce quartier dépourvu d'élégance, sont tellement plus séduisants que ceux que j'ai pu voir aux États-Unis et dont je garde le souvenir ! Chacune de leurs devantures accroche mon regard par quelque chose de délicieux ou de beau : pralines, fleurs coupées, linge de maison et autres soieries. « L'Amérique semble plutôt terne en comparaison, n'est-ce pas ? » m'a dit May la semaine dernière et, à tout prendre, elle a raison. Des boutiques comme celles qu'on voit près du nouvel Opéra et des Tuileries épatent à juste titre les plus riches parmi nos amis américains. Ils vont aussi en masse au Bon Marché et dans les autres grands magasins qui regorgent de choses à acheter, évoquant les couches superposées des gâteaux de mariage. En face, Philadelphie ne fait pas le poids et, pourtant, les commerces modestes me manquent de temps à autre. J'éprouve un certain goût pour la tempérance.

Le Petit Journal devient ridiculement pesant entre mes mains, et mes bras me font mal. Ayant déjà lu tous les articles, tous les éditoriaux et parcouru aussi les publicités, j'aspire maintenant à retrouver mon livre. « On représente toujours les femmes en train de lire des livres, a dit May ce matin tandis que nous nous mettions en route. Un journal, voilà qui serait parfait. Et que trouver de mieux que *Le Petit Journal* ? Il est si moderne ! Il attestera que tu es une intellectuelle. » Cela ne m'empêche pas de languir après le roman que j'ai commencé hier et qui est resté sur mon lit : *Madame Bovary*. Je le lis pour la seconde fois et j'y prends encore plus de plaisir que lorsque j'étais plus jeune.

iii.

Tandis que je tiens la pose, je me souviens que Mère avait adoré le faire pour son propre portrait, au printemps dernier. Elle minimisait sa prestation — « Je me borne à me prélasser dans un bon fauteuil et à lire le journal », disait-elle en agitant la main — mais elle paraissait plus heureuse que d'habitude. À croire qu'elle se trouvait gratifiée d'une vie supplémentaire dans l'atelier : une vie plus insouciante, moins prosaïque que la sienne. Les sautes d'humeur de Père et ses exigences ne semblaient plus l'atteindre qu'à travers un brouillard. « Oui, mon cher, disait-elle d'un ton enjoué, je ferai en sorte d'être de retour demain à la maison avant même l'heure du déjeuner » ou bien encore : « Mais bien sûr que j'écrirai demain à Aleck et à Gardner. »

Quand je vis le portrait de Mère pour la première fois, le style du tableau me parut désinvolte : coups de pinceau téméraires, débauche de couleurs en lavis pour représenter son déshabillé. J'éprouvai de la surprise, et aussi de la jalousie. Ce chatoiement, cet effet, mais comment diable May avait-elle réussi à les obtenir ? La peinture montrait Mère telle qu'en elle-même, avec ses lunettes, occupée à lire le journal comme au cours d'une quelconque matinée. May était pourtant parvenue à y capter une émotion, à y restituer un moment dans toute sa plénitude. C'était aussi saisissant que les œuvres de Berthe Morisot et, pour moi, plus fascinant que celles signées des autres nouveaux amis de May, y compris Renoir, qu'il m'avait été donné de voir.

Comme May était devenue hardie ! Choisir un thème banal, une femme en robe d'intérieur en train de lire *Le Figaro*, et faire vibrer la peinture de cette manière, se sentir affranchie de toutes les choses qu'on lui avait enseignées, comme aussi des toiles exposées chaque printemps au Salon, si sombres et de facture si classique ! Mère félicita May pour son travail à sa façon habituelle, c'est-à-dire sans avoir l'air d'y toucher — « Superbe lumière, tu es bien d'accord, Lyddy, et regarde un peu quel usage May a fait du miroir ! » — mais je savais qu'elle se sentait fière.

iv.

Autour du rectangle du *Petit Journal*, les lattes du parquet de l'atelier de May reluisent. Je peux voir l'extrémité de l'un de ses tapis anatoliens, celui aux tons rose et gris et aux motifs complexes. J'ai mal aux bras et aux épaules.

— Une tasse de thé, Lyddy ?

— Oui, avec plaisir.

— Je t'ai fait poser plus d'une heure. Mère serait furieuse si elle le savait.

Tandis que je me débarrasse du journal, de légers fourmillements parcourent mes doigts. Les petites mains dorées de la pendule qui surmonte le manteau de la cheminée indiquent dix heures trente.

May parcourt son atelier avec sa prestesse coutumière. Elle fonce, tel un oiseau. Elle est mince, presque frêle, à la vérité. Tandis qu'elle ouvre la boîte de thé, je pense à Mère quand, plus jeune et en meilleure forme, elle nous faisait du thé le dimanche, où que nous fussions, et je revois également May petite fille sur un poney, le visage rayonnant et l'expression obstinée. « *Laissez-moi essayer* », nous dit-elle à Aleck et moi, cependant que Robbie observe la scène depuis la barrière. Elle a environ quatre ans, j'ai dans les onze ans moi-même, Aleck en a neuf, et Robbie, quel âge a-t-il donc ? Sept ans ? Nous sommes dans la prairie proche de notre maison de campagne de Hardwicke, avant notre installation à Philadelphie. Aleck et moi adorons faire sauter des obstacles à nos chevaux, de petits obstacles. L'herbe de la prairie de Hardwicke vient d'être fauchée, et le sol est inégal. Robbie se balance sur la barrière, et May de répéter : « *Laissez-moi essayer.* » « *Tu es trop jeune* », *lui répond Aleck, mais la voilà aussitôt qui s'élance, sa petite silhouette s'élevant bien au-dessus du dos de son poney et, au bout de quelques instants, nous la voyons qui saute plusieurs obstacles d'affilée, et Aleck crie à son adresse : « Bravo, grande dame ! » et je crie de mon côté : « Fais attention ! » Je suis en colère contre elle, parce qu'elle n'obéit jamais. Au dîner, ce soir-là, quand je commence à raconter ce qui s'est passé, May et Robbie me coupent, puis Père décrète qu'elle devrait prendre des leçons d'équitation si elle a une telle passion pour le saut d'obstacles.*

Tandis qu'elle m'apporte mon thé, May me fait penser à une sirène : il y a en elle quelque chose qui flotte, qui danse au-dessus des vagues. L'espace d'un instant, je me demande à quoi cela ressemblerait d'être dans la peau d'une artiste.

Dans quelles circonstances une femme choisit-elle de le devenir ? Mais peut-être est-ce quelque chose qui vous tombe dessus, comme un don du ciel ?

— Eh bien, tu m'as l'air toute songeuse, Lyd !

Je souris, avec un petit geste de dénégation pour signifier qu'il n'en est rien. Tout en buvant mon thé à petites gorgées et en arpentant l'atelier de May, je m'attarde devant certaines de ses œuvres : l'une d'elles représente une femme qui appâte un chien avec une gâterie, une autre une femme en train de lire, et il y a aussi des esquisses de Mère près du lampadaire, à la maison. Je tombe sur un des autoportraits de May, une petite gouache sur papier, et je lui trouve un air bizarre, pas vraiment celui qu'elle affiche d'ordinaire. Elle paraît tout à la fois grave et guillerette, appuyée de tout son poids sur un coussin vert. Sa robe est merveilleuse, c'est la robe blanche que Mme Ange lui a confectionnée, mais son visage semble triste, avec quelque chose de buté.

Elle est intrépide, différente des autres femmes.

— Tu aimes celui-ci ?

May regarde par-dessus mon épaule.

— Oui. Quoique « aimer » ne soit peut-être pas le mot qui convient.

— Ah bon !

— Je t'y trouve quelque chose de redoutable.

— Mais je n'ai aucune objection à être redoutable !

May me prend par le bras.

— Oui, et la robe me plaît beaucoup aussi.

— Tu m'as aidée à dénicher le tissu de cette robe, Lyddy, *tu te souviens* ?

Je trouve tout d'un coup que May a dans cet autoportrait l'air d'une personne qui se sent regardée, je veux dire par là regardée par quelqu'un d'étranger, et non pas par moi, ou par Mère. Je pense à Degas. Elle est si souvent en sa compagnie ces temps-ci ! Il ne fait pas de doute qu'elle admire profondément sa peinture et qu'elle a appris des choses à son contact dans le domaine de la couleur, des angles, de la facture. Il lui a également appris à restituer la vie quotidienne.

On décèle toutefois autre chose et plus que cela dans ce tableau : on a l'impression que May l'a peint alors qu'il regardait par-dessus son épaule.

V.

Comme je m'enfonce à nouveau dans le fauteuil vert et reprends entre mes mains le *journal*, May me dit :

— Je te trouve superbe aujourd'hui, tu sais, Lyd.

— Merci, je le suis peut-être de ton point de vue !

— *Mais non,* tout le monde serait d'accord avec moi, Lyddy. Tu as toujours été belle.

Tout en prenant ma pose, je repense à ma première rencontre avec Degas en qui je crus voir ce jour-là un chien intelligent mais féroce : très bien mis et absolument *comme il faut*, mais un chien quand même. Certaines choses le faisaient râler : la sottise de tel ou tel artiste, les efforts dérisoires et vains d'un troisième, je ne me souviens plus très bien, et tout le temps qu'il parlait, son regard se posait sur différentes choses dans notre appartement, comme s'il cherchait à les analyser, ou peut-être à les anéantir : le service à thé, le vase japonais sur le manteau de la cheminée, moi-même. J'avais la nette impression que si j'ouvrais la bouche, il bondirait sur moi. Je me sentais en présence d'un être brutal.

Et pourtant, autre chose se fit jour lorsqu'il entreprit de me poser des questions. Avais-je commencé à me sentir mieux ? demanda-t-il, et puis : Qu'étais-je en train de lire ? Quand je lui eus répondu « Jane Austen », il eut une réaction de curiosité : « Ah, *lequel* de ses romans ? » « *Persuasion* », lui dis-je et, à ma grande surprise, ses yeux se fixèrent alors sur les miens. Quelque chose se produisit, très vite, et avec une intensité qui ne pouvait me laisser indifférente. Je m'interrogeai sur le fond de sa pensée. M'autorisant à regarder son visage qui, un instant plus tôt, m'avait paru si arrogant, et presque laid, je crus y discerner une sorte de tristesse, quelque chose qui aurait ressemblé à de la douleur. Tout se passait comme si, en tournant au coin d'une rue, dans une ville étrangère, j'avais surpris une scène terriblement intime : un homme en train de pleurer, un enfant malade. Mais, avant que j'aie trouvé quelque chose à dire, la ville s'était à nouveau imposée à moi, avec ses avenues élégantes et ses jardins publics, ses hauts immeubles anguleux se profilant indistinctement devant moi.

Je m'interroge au sujet de May, car elle semble pour sa part apprécier sa présence. À n'en pas douter, il lui réserve — et me réserve aussi — un traitement d'exception. N'empêche que ce sentiment d'être protégé du Cyclope par le Cyclope lui-même, lequel ne fait qu'une bouchée de tous les autres, est pour le moins inconfortable. Et je sais qu'il dévore les gens : un ami après l'autre.

J'avais néanmoins compris d'emblée ce qu'il représentait pour elle. L'offre qu'il lui avait faite, un an plus tôt, de rallier son groupe des Indépendants, elle y avait décelé une invitation à vivre, à élaborer l'œuvre qu'elle se sentait en mesure de créer. Elle ne désire rien tant aujourd'hui que de faire ses débuts à l'Exposition des Impressionnistes du printemps prochain.

Pendant que nous prenions le thé, lors de cette première rencontre, j'entrevis autre chose. À la façon dont May et lui se considéraient, je devinai entre eux toutes les harmoniques d'une complicité. Elle souriait, et lui se penchait vers elle.

Dans l'atelier de May, mes bras me font mal à nouveau. Nous restons toutes les deux tranquilles un moment. Je me rends compte que j'étais sur le point de m'assoupir quand la voix de May me tire de ma torpeur.

— Il est possible que j'aille au Louvre cet après-midi, Lyddy. Tu serais d'accord pour m'accompagner ?

— Je serais ravie de le faire, si je suis en forme.

— Nous pourrions regarder encore une fois les peintures flamandes.

— Oui.

— May Alcott pourra peut-être se joindre à nous. Nous passerions la prendre en voiture.

May Alcott, la sœur de Louisa May Alcott, est à présent mariée avec un Suisse, et nous la voyons donc beaucoup moins souvent, mais j'apprécie les sorties qu'il nous arrive de faire avec elle et avec notre jeune et riche amie Louisine Elder. Parcourir Paris avec cette petite clique me donne l'impression de rajeunir et d'être insouciante, du moins aussi insouciante que je peux l'être.

L'amour vous fond dessus, ou bien la maladie. L'été dernier, ma vie a pris une nouvelle tournure, et cela en l'espace d'une journée. Après m'avoir posé des questions, le médecin, arborant un petit pince-nez scintillant, avait entraîné à l'écart May et Père pour les mettre au fait de mon état de santé. Mère était malade à l'époque. Quand May était retournée dans ma chambre, le visage miné par l'inquiétude, j'avais compris en une fraction de seconde à quel point j'allais mal, et j'avais compris aussi qu'elle combattrait de toutes ses forces cette vérité, que tout le monde la combattrait. Je ne parvenais pas à entendre chacun des mots qu'ils prononçaient parce que le monde semblait avoir perdu toute consistance, un peu comme si je me trouvais à des kilomètres d'eux, en train de les regarder à travers un télescope, exactement comme je faisais avec Robbie l'année où il en avait reçu un tout petit en cadeau de Noël, à Hardwick. Je m'asseyais alors sur la banquette, derrière les rideaux, et je pointais l'instrument en direction de la prairie, et les chevaux m'apparaissaient avec tant de précision que je pouvais voir la vapeur qui sortait de leurs naseaux. Je faisais ensuite pivoter le télescope et, tout d'un coup, les prairies, et la route, et le château de glace de May, et le jardin — où les fleurs avaient cédé la place à des brindilles émergeant de la neige — devenaient minuscules, avec le rendu parfait d'une miniature. Mais cette fois, tandis que May parlait, c'était elle et moi et mon lit, dans ma chambre à Paris, que contenait la miniature, et le monde qui nous entourait s'était évanoui, et je me sentais moi-même vidée de toute substance, comme si j'étais constituée d'air et de rien d'autre. De souffrance et d'air.

— Tu as la maladie de Bright*, dit-elle, et je faillis éclater de rire, trouvant absolument ridicule que cette maladie des reins puisse être, de quelque façon que ce soit, associée à l'idée de luminosité**. Mais, Lyddy, même un médecin français peut se tromper. Nous devons nous borner à sur-

* Néphrite chronique.

** Bright signifie en anglais lumineux.

veiller ton régime, et faire en sorte que tu ne te fatigues pas. Ce n'est pas plus compliqué que ça. Tu dois simplement te montrer prudente.

Mais comment la prudence pourrait-elle me faire recouvrer la santé ? Voilà une chose qui n'est pas de mon ressort. Dieu sait si je suis la prudence personnifiée ! Cette maladie est au-dedans de moi. J'ai le sentiment de vivre sur une planche qui flotte à la surface d'un océan tout grouillant de monstres marins. De temps à autre, je crois aller mieux. Mais sans doute est-ce simplement qu'au mépris des monstres, une tente a été dressée autour de ma petite planche, sur ce même océan, et que tant d'artistes s'y produisent — jongleurs, chanteurs, comédiens jouant des romances — que je m'en trouve distraite et divertie.

— Lyddy, tu m'as entendue ?

— *Désolée.* Je devais être en train de rêvasser.

— On dirait bien ! Il faut que je te ramène, Lyd, jusque dans ce fauteuil. Tu m'as laissée toute seule ici, pendant quelques minutes. Où étais-tu passée ?

Je souris.

— Oh, tu sais, je vais là où il me prend fantaisie d'aller, May : en Pennsylvanie, en Allemagne…

— Quand même pas en Allemagne !

— À la vérité, j'étais peut-être en train de penser tout simplement à notre appartement, et au déjeuner.

— Le déjeuner est un sujet qui peut mériter réflexion, je sais.

— Oui, et je pensais aussi à ce patron pour une nouvelle robe.

— Un autre sujet qui mérite réflexion.

Je ne peux pas toujours m'ouvrir à May de mes pensées intimes, parce qu'elle ne peut pas soutenir la perspective de la maladie ou de la mort. Tous les membres de ma famille sont comme ça.

Il me semble que la tristesse de May, quand elle a appris le diagnostic me concernant, a été décuplée par le souvenir de chagrins précédents. Le médecin lui-même avait dû lui rappeler d'autres médecins, tel celui, si corpulent, de Darmstadt, qui avait examiné les jambes de Robbie et nous avait dit qu'il ne souffrait de rien de grave. À l'en croire, il suffisait de lui faire faire régulièrement de l'exercice et de lui administrer quelques médicaments pour renforcer son ossature. Pendant quelque temps, nous eûmes l'impression que tout allait pour le mieux dans le meilleur des mondes.

Femme lisant, Joslyn Art Museum, Omaha, Nebraska.

Mais s'il arrive quelque chose à quelqu'un, quelque chose qui dévaste et ronge son corps, les médecins sont impuissants, et l'amour est impuissant, lui aussi. Le bébé, George, était mort également, âgé d'un mois seulement, alors que May faisait ses premiers pas, de même d'ailleurs, avant ma naissance, que la petite Katherine, encore bébé, et qui avait reçu le prénom de Mère. Quand le benjamin, Gardner, était venu au monde, trois ans après George, j'hésitais à le regarder tant j'avais peur qu'il me donne à son tour le spectacle d'un être inerte et glacé.

— Je crois que ce sera tout pour aujourd'hui, décrète May.

Je vois bien qu'elle est satisfaite de l'ébauche de son tableau.

Je me lève, et je chasse les pensées qui me trottent dans la tête. D'être en ce moment dans l'atelier de May, à Paris, et non pas à Darmstadt, ou en Pennsylvanie, d'avoir parcouru une telle distance, voilà qui me paraît une bonne chose.

— Je peux regarder, May ?

— Ce n'est qu'une ébauche, répond-elle, et j'aperçois un maelström de peinture blanche — le *fichu* qui m'entoure les épaules — et les traits esquissés d'un visage de femme, représenté de profil, le nez et la bouche peints avec délicatesse, l'œil souligné d'un trait plus sombre, les cheveux suggérés par un sommaire bandeau de couleur brune, et de larges aplats d'un blanc rosé figurant la toque dont elle est coiffée.

Quelque chose que le travail du pinceau laisse entendre au sujet de cette femme rive à elle mon attention. *Mais qui est-ce donc ?* Voilà ce que je me demande à son propos, car je ne parviens pas à concevoir qu'il s'agit de moi, encore que ce soit le cas, je le sais, et que cela me procure un délicieux plaisir.

vi.

Un peu plus tard, alors que je suis dans mon fauteuil en train de lire le roman de Flaubert, l'image de cette femme, celle que May est occupée à peindre, vient me hanter à plus d'une reprise. Je m'aperçois que j'éprouve un vif désir d'être auprès d'elle, d'être présente quand elle fera davantage surface. Un peu comme lorsque vous observez la silhouette de quelqu'un qui nage dans votre direction, sauf qu'ici, sa progression est beaucoup plus lente, et vous l'apercevez pour commencer sous l'eau, masse confuse et mouvante, et vous attendez le moment où vous verrez ses bras, et puis son visage, avec ses cheveux ruisselants qui flottent dans la lumière.

Je ne pourrais jamais avouer cela à quiconque, et c'est à peine si j'ose y penser, mais j'ai également conscience d'autre chose : du regard que May posait sur moi ce matin, pendant qu'elle peignait. Les autres femmes éprouvent-elles des émotions semblables ? Il ne s'agit pas du tout de quelque chose d'apparent, de quelque chose de visible.

Des émotions de ce genre me font repenser à mon enfance. Je scrute avec attention chacun des souvenirs qui peuplent ma mémoire, comme pour y débusquer une indication, quelque élément nouveau qui pourrait éclairer mon histoire : une main posée sur un bras, un regard, peut-être un gant abandonné sur un siège. Je m'étonne encore de ne m'être jamais mariée.

De toute évidence, le mariage n'est pas la solution à tous les maux de la vie. Il peut lui-même apporter son cortège de maux, pour peu qu'on n'ait pas fait le bon choix : qu'il suffise ici de penser à quel point peuvent souffrir deux personnes enchaînées ensemble. Si j'admire Flaubert, c'est parce qu'il perçoit clairement cela et parvient néanmoins à transmuer le plus terne des mariages en une histoire intéressante. Il crée la pauvre Emma Bovary, au cœur rempli d'impatience, de rêves vagues et d'aspirations romantiques, et la voilà (j'en suis à la moitié du livre) prise dans les filets de la vie, dans un mariage absurde et une impossible liaison.

Comment mène-t-on sa barque dans la vie ? Il m'arrive de plus en plus souvent de me pencher sur cette question. Votre vie vous apparaît sous un nouveau jour, terriblement précise et nette, quand vous commencez à envisager la perspective de votre mort imminente.

vii.

Cependant que je me brosse les cheveux, en chemise de nuit devant le miroir, je me trouve, comme d'habitude, plus jeune, ce qui ne m'empêche pas de détecter, ces temps-ci, certains détails préfigurant la vieille dame que je pourrais devenir, si je suis chanceuse. Je scrute mes pattes d'oie bien délinéées, les cernes sous mes yeux. Mes cheveux ondulés continuent d'avoir leur teinte blond vénitien sous la lumière de la lampe. C'est seulement en plein jour que je m'aperçois qu'ils blanchissent, surtout à la hauteur des tempes.

Une fois au lit, et la lumière éteinte, voilà que je me remémore l'époque de la Grande Guerre, quand nous étions aux États-Unis. Ce sont des souvenirs encore frais pour moi que le démembrement de la propriété de nos cousins à Gettysburg, la longue liste sanglante des jeunes gens envoyés au combat : John Chandler, James Endicott, Andrew Lyman, le séduisant William Dabney. À tout le moins une telle épreuve fut-elle épargnée à Robbie. Chaque fois que me parvenait la nouvelle qu'un autre jeune et beau garçon était mort, j'avais l'impression qu'une porte de plus se refermait au-dedans de moi, comme poussée par un vent coulis. J'avais écrit des lettres à chacun d'entre eux, m'efforçant d'adopter un ton enjoué, faisant comme si le monde n'avait pas ouvert cette horrible blessure, comme s'ils n'étaient pas promis à tomber, leurs membres détachés de leur corps, leur poitrine ouverte sur du sang, leurs chevaux empêtrés dans la boue. Nous engageâmes vivement Aleck à recourir à un suppléant, et c'est ce qu'il fit, le Ciel en soit loué, à défaut de quoi, lui aussi n'aurait plus été qu'un tas d'os, comme notre cousin Frank. Dieu sait si la démarche est peu équitable, et Aleck gardera au fond de lui cette pensée obsédante sa vie durant, mais regardez-le donc maintenant : vice-président de la Société des chemins de fer de

Pennsylvanie, à la tête d'une fortune confortable, menant une existence intéressante, pourvu d'une maison de campagne, ayant réussi un mariage qui lui a donné quatre enfants.

Alors que Thomas Houghton, qui avait des yeux noisette, avait un jour presque porté mes mains à ses lèvres et m'avait embrassée un soir d'été à West Chester, est en train de se désagréger sous la terre de cette même Pennsylvanie.

Toutes ces vies, toutes ces vies anéanties, et j'avais le sentiment que la mienne l'était aussi, dans le tir d'un canon : chair détachée de l'os, cœur arraché aux côtes, ma cervelle soufflée puis éparpillée en mille morceaux, les champs verts teintés de rouge par le sang et envahis par la gadoue, mon existence parvenue à son terme quand je n'avais que vingt-sept ans, car comment pouvais-je encore prétendre vivre ? Continuer de vivre après tout cela, m'étais-je dit alors, reviendrait à constamment marcher sur des tombes, en écoutant le murmure de fantômes. Et pas seulement le fantôme de Robbie à présent, ou ceux des bébés, mais ceux de milliers d'autres êtres en même temps, et toutes les nuits, dans mes rêves, je voyais une prairie couverte d'hommes fauchés, gémissants, et je scrutais le visage de chacun d'entre eux, à la recherche d'un seul visage, et il m'arrivait parfois de trouver ce visage, mais qui tombait en miettes ou volait en éclats avant même que je puisse le toucher.

Je me réveille avec un sentiment de peur, et pendant quelques instants guère rassurants, ne voyant que du noir autour de moi, je n'ai pas la moindre idée de l'endroit où je me trouve : *dans la cave, à Hardwick ? En Allemagne ? À West Chester ? Dans la nouvelle maison que nous nous étions fait construire à la campagne, quand j'avais vingt-trois ans ? À Alleghany City, alors que j'étais petite ? Oui, c'est cela, à Alleghany City, dans la chambre de notre bonne Cora, tout en haut de la maison, et son visage est indiscernable dans l'obscurité — ou alors dans le wagon-lit d'un train fonçant quelque part tête baissée pour enjamber un parapet et plonger dans une rivière aux eaux épaisses et noires comme du goudron.*

Je m'efforce de penser à quelque chose d'apaisant : au nouveau portrait de moi en train de lire que May est occupée à peindre, ou aux pommes et au miel qu'Aleck a promis de nous envoyer des États-Unis, pour Noël.

Me sentant agitée, j'aborde le souvenir de l'été de mes vingt-deux ans, un bon souvenir, celui-là. Peut-être m'aidera-t-il à trouver le sommeil. C'est plus précisément celui de la journée où Thomas s'est joint à nos cousins et nous, le temps d'un pique-nique, au bord du lac. Nous habitions alors notre nouvelle maison, à l'angle d'Olive et de Fifteenth Street, à Philadelphie, et nous avions pris le train pour nous rendre dans la campagne, où nous avions loué une voiture. Une fois parvenus au lac, nous avions étalé nos paniers : ils contenaient des œufs, un grand pot de thé de sassafras, des pommes, des biscuits et du miel. Après avoir nagé, assis sur des serviettes, nous avions mangé notre content. Thomas me regardait souvent et, après le déjeuner, nous avions gravi ensemble une colline. Il avait sorti un livre de sa poche — les essais d'Emerson, me semble-t-il — et s'était mis à lire. *C'est peut-être à quoi ressemblera une vie commune,* m'étais-je dit *: être assis côte à côte sur une colline, en Pennsylvanie, à contempler les eaux d'un lac, tantôt bleues, tantôt gris verdâtre, et nous faire mutuellement la lecture, penser à des sujets nobles — à la Nature et à l'Esprit — tout en étant pris dans un nuage d'affection, à la fois captifs et captivés.*

Comme l'aube va poindre, le plafond de ma chambre prend une teinte bleu foncé. Je savais évidemment, même alors, que le mariage était quelque chose de plus prosaïque qu'un après-midi romantique. J'avais vu ce que Mère avait enduré, avec tant de déménagements — souvent un tous les ans ou tous les deux ans, au point qu'il est difficile de s'en souvenir ou d'en faire le récapitulatif, sans parler de la mauvaise santé de ses enfants, de la fragilité de la sienne, et du caractère instable et irascible de mon père. Mais il me paraissait difficile d'imaginer mon avenir de façon plus précise avec Thomas à demi allongé à mes côtés, ses cheveux encore mouillés après sa baignade.

Et les gens qui me rencontrent aujourd'hui, que voient-ils ? Ils ne se doutent assurément pas de cet épisode sur les rives d'un lac de Pennsylvanie, ils ne peuvent imaginer un jeune homme couché sur le dos et qui m'attire vers lui après m'avoir fait la lecture pendant une heure, tandis que les nuages filent en direction du sud.

viii.

Je n'en suis qu'au second jour de pose, et ce portrait est à moitié terminé. Je suis surprise par le désir impérieux que j'éprouve de voir la situation se prolonger : que je puisse rester assise ici, dans ce fauteuil auprès de la fenêtre, la lampe dans mon dos, cependant que May peint, l'univers tout entier étant du même coup congédié. Peut-être May partage-t-elle d'une certaine façon mon sentiment, car elle en est venue à me plaisanter sur mon nouveau métier.

— Il faut que tu prennes garde, Lyddy. Tu es un si bon modèle que j'aurai du mal à me passer de toi !

— Ne dis pas de sottises !

Tout en lui faisant cette réponse, je ne peux m'empêcher de sourire.

Ce matin, après le petit déjeuner, j'ai demandé à May si je pourrais poser aujourd'hui avec un livre au lieu du journal, et elle m'a donné son accord, à condition que je lui fasse la lecture et que je reprenne la pose avec le journal quand elle me le demanderait. « Mais je ne suis pas d'humeur à écouter du Flaubert ! », a-t-elle ajouté. J'ai donc laissé à la maison Emma Bovary en train de crotter ses bottes de cuir délicat tandis qu'elle parcourt furtivement les prairies qui conduisent au petit *château* de son amant. Je l'ai remplacée par mon recueil de poèmes de Wordsworth.

May réclame « L'abbaye de Tintern », et je me mets aussitôt à lire : « *Cinq années se sont écoulées, cinq étés, et l'éternité/De cinq longs hivers.* » Un poème magnifique. Il me paraît plus profond à mesure que je prends de l'âge.

Quand j'ai fini, May me dit :

— Tu me le lisais autrefois.

— Vraiment, May ?

— Oui, en Allemagne.

— En effet, ça me revient. Je vous donnais des cours particuliers à toi et Robbie, n'est-ce pas ?

— Oui, répond May, et elle devient silencieuse.

Elle n'aime pas évoquer cette année-là. Quand Robbie mourut, May fut inconsolable. Quel âge avait-elle ? Neuf ou dix ans. Plutôt dix, car c'est le 24 mai 1855 qu'il mourut. Deux jours plus tard, c'était son anniversaire, et elle avait onze ans. J'en avais donc près de dix-huit.

Elle ne toucha pas aux petits gâteaux que j'avais achetés. Ni l'une ni l'autre ne semblions plus savoir comment faire la fête, même de la façon la plus anodine. Je donnai les gâteaux à la bonne, qui se confondit en remerciements.

C'est lors de son enterrement, dans un cimetière de Darmstadt, où le pasteur s'exprime en allemand, et où des cerisiers en fleur occupent les deux versants d'une colline, que May commence à pleurer. Je tente de la serrer dans mes bras, mais elle dévale la pente. Je la suis jusqu'à un cerisier couvert de fleurs blanches. Elle se tient à côté de l'arbre, toute secouée de sanglots, puis elle se met à donner du poing contre son tronc. « Il allait prendre des leçons de dessin avec moi, à notre retour aux États-Unis. C'est ce qu'il avait dit. Nous allions partager le même poney. » Elle cogne contre l'arbre en prononçant chacune de ces phrases, me repoussant quand j'essaie de la prendre par le bras. « *Je le déteste parce qu'il est mort. Il n'avait pas le droit de mourir.* »

Je fixe la page.

« *Sur les berges de ce merveilleux ruisseau/Nous nous tenions ensemble.* »

ix.

— Je crois que c'est pratiquement fini, dit à présent May. Il me semble que tu seras contente.

En m'approchant de la toile, je suis saisie par sa beauté. May y a ajouté un nuage frangé d'un rose lumineux, un nuage dont je suis certaine qu'il n'était pas là, visible dans le décor, et elle a néanmoins obtenu un résultat splendide avec ces couleurs. La femme occupée à lire semble baigner dans du rose. Elle tient une liasse de journaux, et ce qu'elle est en train de lire semble se dissoudre dans du gris, du rose et du blanc.

— *Alors ?*

— C'est ravissant, May. Ravissant.

— Tu aimes la façon dont j'ai rendu la lumière ?

— *Oui.*

— Je crois que les couleurs produisent un bel effet... Je m'en faisais pour la robe.

— Les couleurs sont superbes.

May entreprend de ranger ses tubes.

— Un jour encore, peut-être, et tout sera dit, fait-elle.

X.

May se dirige d'un pas rapide vers son atelier, et je marche aussi vite que je peux. Comme nous parvenons à la place Pigalle, à la hauteur des tables en terrasse de La Nouvelle Athènes, elle m'attrape par le bras et ralentit l'allure.

— Je me comporte en cheval de course aujourd'hui, Lyddy, n'est-ce pas ?

Je ne peux m'empêcher de rire. La comparaison avec un cheval de course nerveux, qui foncerait avec des mouvements précis en direction de la ligne d'arrivée me semble particulièrement bien trouvée. Je jette un regard vers Le Rat Mort, de l'autre côté de la place pleine d'animation, me demandant si Degas s'y trouve aujourd'hui, entouré de sa cour. Il nous adresse en général un signe de la main, ou accourt pour nous saluer. Mais il n'y a pas trace de lui au Rat Mort. Je ne vois que deux jeunes gens s'esclaffant à une table, et une *vendeuse* qui, tenant délicatement une tasse de café, regarde fixement la rue.

Une fois dans l'atelier, May ouvre les rideaux, et la lumière envahit la pièce.

— Tu as bien dormi la nuit dernière ? demande-t-elle.

— Assez bien, dis-je, de mon ton le plus assuré.

— Tu te sens bien aujourd'hui ?

— Oui, May, assez bien.

— Je t'ai obligée à marcher trop vite, n'est-ce pas ?

— La promenade était délicieuse.

— Je dois veiller à ce que tu restes en forme, Lyddy. Tu es mon meilleur modèle.

— *Mais non,* dis-je, mais au fond de moi, tout en m'efforçant de modérer ma fierté, je me sens convaincue, oui, d'être un bon modèle, et sitôt que je me fais cette réflexion, je me réprimande intérieurement et me tourne en ridicule, ordonnant à mon millier de petites abeilles de me piquer, et de psalmodier leur mépris.

La chanson commence toujours par *Comment as-tu pu penser un seul instant ?* et les mille abeilles bourdonnent et marmonnent et chuchotent à mon oreille, ajoutant de nouveaux couplets à mesure qu'elles découvrent de nouveaux endroits pour y enfoncer leur dard. Tu t'es bornée à rester assise, bourdonnent-elles, et tu n'es même pas jolie, tu es pâle comme un fantôme, tu es comme un sac d'os, et les plus virulentes parmi elles chantent : *Sur la toile et grâce aux couleurs, elle a fait de toi une beauté, mais comment peux-tu penser un seul instant qu'elle t'a représentée telle que tu es vraiment ?*

Je suis habituée à ces insectes. Ces abeilles m'appartiennent, après tout. Elles occupent un lieu bien précis sur mon domaine, pourvu de ruches dont il semblerait que je m'occupe moi-même, voilée et gantée. Je suis leur reine tout autant que la cible malheureuse de leurs attaques. Elles se repaissent de mes trèfles, des fleurs de mes pommiers et de mon chèvrefeuille, et elles s'entraînent à chanter sur ma prairie chauffée par le soleil. Je suis donc seule à blâmer quand elles viennent me piquer.

— Je crois que Degas viendra aujourd'hui, Lyddy.

May me dit cela avec circonspection car elle pense, je le sais, qu'il m'inspire de la crainte.

— Ah bon.

— Il brûle de voir le tableau.

— Hem.

— Il t'aime beaucoup. Il n'y a pas si longtemps, il a demandé de tes nouvelles. Il a très bonne opinion de toi, Lyddy.

— Il doit aimer le peu qu'il connaît de moi, dis-je.

Mais j'ajoute dans mon for intérieur : peut-être est-il l'équivalent visible de mes abeilles ? May ne se rend-elle pas compte qu'il est capable de piquer ?

— En fait, il m'a confié qu'il aimerait te peindre un jour.

— Tu es sûrement en train de te moquer de moi, May.

J'abandonne presque ma pose, pour la regarder.

— Pourquoi voudrais-tu que je me moque de toi ? Tu es un modèle superbe, et il est capable de voir ça.

Puis elle ajoute :

— Il espère me peindre, moi aussi.

— Tu poserais pour lui ?

— Si tu veux savoir, je l'ai déjà fait.

Elle a tout d'un coup son expression butée, qui semble recouvrir d'un voile son visage.

— Ne prends donc pas cet air scandalisé, Lyddy. Je n'ai pas montré un seul centimètre carré de peau, tu sais !

Elle se fait taquine, à présent. Elle me pousse dans mes derniers retranchements, après quoi elle sourit, de ce sourire malicieux porté à la perfection depuis son enfance, si bien que je ne sais plus si elle est en train de se payer ma tête ou non.

Son expression se radoucit.

— *Ne t'en fais pas.* Je n'ai posé qu'une ou deux fois, Lyddy. Il n'y a vraiment pas de quoi s'en faire. Il avait simplement besoin de quelqu'un qui comprenne quel genre de pose il voulait, et il s'est trouvé que j'étais à même de l'aider, alors que ses autres modèles ne parvenaient pas à le faire.

— Ses autres modèles ?

— Tu vois ce que je veux dire par là.

— Je n'en suis pas sûre.

— Ne sois pas si vieux jeu, Lyd. C'est tout à fait *comme il faut.* Regarde donc Berthe Morisot : elle a souvent posé pour des artistes, non ? Elle a posé pour Manet.

— Oui, et regarde un peu les femmes dont de tels hommes ont provoqué la perte.

— La perte ! Lyddy, tu parles comme un personnage de roman !

— Il n'y a rien de romanesque dans ça, May. C'est la vie comme elle va.

— Admettons.

May m'observe posément.

— Tout ce que je cherchais à te dire, c'est que Degas éprouve pour toi de l'admiration.

— Et moi, j'éprouve pour lui une infinie reconnaissance.

Tandis que je reprends ma pose, ma tête commence à me faire mal.

xi.

On entend la pendule faire tic-tac, et je me surprends à repenser à la petite fille qui a posé pour May au printemps dernier, assise dans le fauteuil bleu. Je ne l'ai rencontrée qu'une fois. Elle était timide et polie, et c'était la fille d'un ami de Degas.

Comment décrire le malaise qui m'avait envahie ? Rien qu'à l'observer, j'avais mesuré à quel point une enfant n'a pas voix au chapitre dans ce genre de circonstance. Si ma sœur a envie de la voir poser, tout est à sa discrétion, et si Degas a envie de la voir poser, tout est à sa discrétion, et l'enfant s'applique à faire ce que ces adultes lui ont dit de faire. J'imagine que c'est dans l'ordre des choses pour une enfant. Et si la pose est inconvenante, qu'est-ce qui l'autorise à le dire ?

Quand la petite fille et son père avaient quitté l'atelier ce jour-là, j'avais essayé d'aborder le sujet avec May, mais elle s'était mise en colère et n'avait rien voulu entendre. « *Tu ne pouvais pas faire en sorte qu'elle rapproche davantage ses jambes l'une de l'autre ?* » avais-je demandé gentiment. « *Oh, Lydia, comment peux-tu être tellement… américaine ?* » s'était exclamée May cependant que son visage s'empourprait, exactement comme quand elle était petite. « *Je pense à la petite, c'est tout* », avais-je protesté. « *Mais que veux-tu dire par là, Lyd ? Cette petite va très bien, elle ne pense rien de la pose. Arrête donc de te montrer aussi puritaine !* » J'avais eu les joues en feu en entendant ces mots, car l'idée m'était venue qu'elle avait peut-être raison. Je ne peux rien contre le fait d'avoir grandi en Amérique, et je sais que May doit renoncer à tout ce qu'implique un tel contexte si elle ambitionne de devenir autre chose et plus qu'une portraitiste ou de se faire un nom ailleurs que dans le domaine de la gravure. Cela ne m'empêchait pas de me sentir honteuse et inquiète pour cette petite fille. « *La pose est naturelle, avait martelé May. Il se pourrait très bien qu'elle se prélasse de cette façon dans un fauteuil chez elle. Qui a dit qu'une petite fille devrait rester assise toute droite, et les cheveux impeccablement coiffés ?* »

Cela n'empêche que May donnait délibérément une fausse interprétation de ma remarque. Car cette fille aux jambes si ostentatoirement écartées et au bras replié en arrière avait tout d'une jeune odalisque qui s'offrait. May aurait dû se montrer plus attentive. Après tout, ce n'était pas Degas qui peignait cette enfant.

Sans doute mes réflexions firent-elles leur chemin en elle, car elle ne réclama plus jamais ce genre de pose. Elle refusa même de prendre à nouveau pour modèle la petite fille en question, alors même que son père avait tenté plusieurs approches. Je me suis demandé depuis lors si May s'était elle-même mise à éprouver une certaine culpabilité envers la petite fille, pour l'avoir exploitée de la sorte. Cela alors qu'elle ne s'en était aucunement ouverte à moi, ou à quiconque. May aime sentir qu'elle a raison.

Elle m'avoua par la suite qu'elle avait autorisé Degas à intervenir sur le fond de ce tableau. Je l'aurais deviné toute seule, en raison des curieux contours des fauteuils et des fenêtres, ainsi que du grand nombre de fauteuils recouverts d'un tissu à fleurs au ton bleu onirique. Au lieu d'un seul fauteuil, il y en a trois. Il y a aussi un canapé, tapissé du même tissu bleu, et qui ne ressemble à aucun des canapés de May. Et tous ces meubles, présentés sous des angles bizarres les uns par rapport aux autres, forment une sorte de famille tendue, désunie, dont les membres n'ont rien à se dire. May a probablement peint l'essentiel de ce tableau, mais j'y sens malgré tout la patte de Degas. Il a une façon bien à lui de faire vibrer une peinture, de la rendre étrange comme un rêve troublant.

— Il m'a aidée aujourd'hui, me dit-elle après avoir marqué une hésitation.

— Il t'a aidée ?

— Il m'a aidée à peindre l'arrière-plan.

— Tu le lui as demandé ?

— Ça m'a étonnée, dit-elle, mais je me suis sentie flattée.

Flattée ! C'était le terme qu'avait employé May, l'intraitable et indépendante May ! Je lui demandai : « Et alors, le tableau te plaît davantage maintenant ? »

Elle posa sur moi un regard qui en disait long et finit par répondre en détachant les mots : « Oui, il me semble qu'il lui a apporté un certain éclat, quelque chose d'insolite. »

— Je sais bien qu'il est génial, May, et qu'il peint des œuvres qui sortent de l'ordinaire. Reste que cette peinture est d'abord la tienne.

xii.

Cet après-midi-là, tandis que nous rentrons à pied à la maison, bras dessus, bras dessous, je me fais la réflexion que j'ai créé quelque chose avec May, quelque chose qui n'avait pas d'existence concrète auparavant. Les nombreux passants qui se pressent le long du boulevard Rochechouart nous bousculent, et je me fais également la réflexion que je serais capable de rentrer à la maison à tire-d'aile plutôt qu'à pied.

Dans la lumière de la lampe, je m'efforce de lire l'histoire d'Emma Bovary qui s'est retrouvée face à un destin ingouvernable, mais seul le tableau de May occupe mes pensées. Quelque chose me manque en ce moment, je ne sais quoi au juste. Peut-être est-ce le fait de poser qui me manque, ou peut-être est-ce la femme elle-même qui me manque, celle du tableau. J'aurais souhaité pouvoir lui poser une question, la voir me regarder. Elle dispose de son univers personnel à présent, un lieu paisible et enchanté, petit et agréable, composé d'un nombre restreint de choses : un fauteuil, un journal, de la lumière. La maladie n'a pas sa place ici. Tout est rose, blanc et crème, c'est le simple et délectable ici et maintenant, la surface chatoyante des choses.

Au moins se trouve-t-elle en sécurité. May l'a placée dans un monde exempt de piqûres d'abeilles et de la maladie, en dehors de la vie mortelle.

May vient de m'interroger au sujet de mes souhaits. C'est le petit jeu auquel nous nous livrons depuis toujours. Chacune de nous est autorisée à en aligner trois. Ceux de May sont faciles à deviner. Je pourrais les énumérer à sa place : « Devenir une artiste célèbre au talent reconnu, gagner beaucoup d'argent, et posséder un *château* où nous pourrions tous nous retirer et vivre sur un grand pied. » Dans ce jeu, on n'est pas obligé de dire toute la vérité : la moitié, ou même moins, fera l'affaire. Je crois connaître d'autres souhaits de May, ceux qu'elle ne consent pas à exprimer, au sujet de l'amour qui pourrait encore survenir et trouver le chemin de son cœur, cela de façon inattendue, sur une aile irisée qui fendrait l'air, cependant que ceux qu'elle aime — sa sœur notamment et, sur un mode différent, le terrible Degas — continueraient d'être à portée de sa main.

Elle s'appuie sur mes genoux, me présentant un visage comique.

— Alors, tes souhaits, on peut les connaître, Lyd ?

Je réfléchis quelques instants.

— Devenir un modèle célèbre au talent reconnu, dis-je.

— Oh, je te garantis ça, répond May en riant.

— Vivre de façon avisée et — j'hésite ici légèrement — être en bonne santé dans la mesure du possible.

— Oh, insiste davantage sur ce point, Lyddy, repartit May en haussant tout d'un coup le ton. Dis plutôt : Être en parfaite santé pendant au moins cinquante ans !

— Touche du bois, May, dis-je, et je me rends compte que la santé n'est que l'amorce de mon souhait le plus ardent. *Vivre dans cet univers que tu as créé,* ai-je envie de préciser, *cet univers suave qui ne connaît pas les problèmes, où ne coule pas le sang. Connaître le contact physique de quelqu'un, et avoir des enfants à moi, comme Aleck, et une existence semblable à un coquillage refermé sur lui-même, luisant et propre sur le sable, poli par l'eau salée, poli et repoli, recru et apaisé.*

May rapproche encore son visage. « Continue de poser pour moi. »

II. *Le thé*

je me trouve dans une prairie non fauchée, d'un vert tirant sur le doré, bordée de bois d'un vert sombre. Je suis en train de chercher quelque chose dans les hautes herbes — quoi donc ? Une bague ? Un bracelet ? Je regarde mes mains et je m'aperçois que j'ai oublié mes gants

Survient une ribambelle de nuages, la masse des arbres s'assombrit

Paris, avril 1880.

i.

Ce matin, la place d'Anvers semble couverte de plumes, de toutes les nuances de jaune et de vert. May et moi remontons dans la fraîcheur jusqu'au boulevard Rochechouart, puis jusqu'au boulevard de Clichy, longeant des cafés et des magasins. Je porte la robe que j'ai achetée chez Worth's avant Pâques, d'un vieux rose évoquant l'intérieur d'une conque. À chaque fois que je m'apprête à poser pour May maintenant, j'ai le sentiment que nous avons institué un nouveau jour férié : c'est un peu comme si nous avancions au milieu de bannières claquant au vent.

Dans l'atelier de May, je prends la pose dont elle a fait le choix hier. Assise dans le fauteuil tapissé de satin rayé violet et noir, à côté de l'une des croisées, je tiens une tasse à bordure dorée et sa soucoupe. Regarder à travers cette croisée tout en tenant la tasse et la soucoupe me permet de contempler une portion de ciel bleu au-dessus de l'immeuble gris qui fait face à l'atelier de May. Un banc de nuages blancs légers y dérive lentement. À côté de moi, je le sais, se trouvent des jacinthes blanches et des muscaris, que je peux voir seulement du coin de l'œil : un cadeau de Degas. Je respire leur parfum.

La jupe de May froufroute à chacun de ses mouvements. Je savoure la façon dont la pièce s'emplit de quiétude, comme un bol qui s'emplit de lait.

ii.

Quand Degas sonne à la porte et, quelques instants plus tard, fait irruption dans l'atelier, cette quiétude se dissipe. Comme j'abandonne ma pose pour le saluer, son énergie et son élégance me frappent. Il a un pardessus couleur sable. Il est presque beau.

— Vous avez commencé un nouveau tableau ? demande-t-il au bout d'un moment en regardant la toile.

— Nous l'avons commencé hier, répond May.

Degas étudie le tableau.

— La composition est bonne.

— Je suis contente de vous l'entendre dire, rétorque May ironiquement.

Elle se tourne vers moi.

— On se remet au travail, Lyd ?

— Oui, bien sûr, May.

Je m'assieds à nouveau dans le fauteuil et reprends tasse et soucoupe. May guide ma main pour rapprocher la tasse de deux ou trois centimètres de mon visage.

— *C'est bien.* Ne bouge plus.

— La position du bras... intervient Degas. Eh bien...

— Eh bien ?

— *Eh bien,* cet angle, ici... celui que fait le coude... pourrait être plus marqué.

Tout en regardant par la fenêtre, je m'imagine May, debout aux côtés de Degas, la tête bien droite tandis qu'elle nous regarde alternativement, la peinture et moi. Il est prompt à lui faire des suggestions. Il est capable de se montrer acerbe avec elle, de même qu'il l'est avec d'autres amis. Un jour, il lui a dit, en ma présence, qu'une œuvre qu'elle venait de terminer — une huile représentant une jeune femme dans un théâtre — était suave et insipide, à l'exemple d'une peinture anglaise à deux sous. « On peut l'apprécier au premier abord mais, au bout d'un moment, on se prend à avoir envie de quelque chose de plus — comment dire ? —, de plus consistant. » May répondit du tac au tac : « Il me semble qu'elle a suffisamment de consistance, merci. » Elle ne se démonte pas facilement encore que, dans l'intimité de notre maisonnée, elle me laisse parfois entrevoir à quel point elle est en colère contre lui, ou combien une de ses réflexions l'a démoralisée.

— Si vous déplaciez son bras un tant soit peu — comme ça — vous pourriez obtenir un effet plus insolite.

— L'angle que fait son bras me plaît. Je crois qu'il fonctionne bien.

— S'il vous plaît tel qu'il est, alors, il n'y a pas lieu d'en discuter.

— Il me plaît.

iii.

Sitôt que May commence à peindre, j'entends Degas qui allume sa pipe, et l'odeur âcre du tabac me parvient, tandis que les pigeons roucoulent et que l'atelier gagne en luminosité. Je suis étonnée de le voir s'attarder ainsi aujourd'hui, et mon bonheur n'est pas sans mélange. Sa présence modifie l'ordre des choses. Car, d'une part, elle rend May moins spontanée et la met sur le qui-vive. Et, d'autre part, je suppose que je suis jalouse des attentions qu'elle lui prodigue.

— Vous avez vu les comptes rendus de notre exposition ? demande-t-il à May.

— Oui.

— La plupart des critiques sont idiotes.

— Vous vous en tirez plutôt bien, malgré tout, dit May. Huysmans vous adore.

Degas a un petit rire.

— Et qu'a donc écrit ce butor d'Ephrussi ? Mes sujets sont « bizarres », la physionomie de mes danseuses est « repoussante » ?

— Il a dit autre chose et plus que cela. Il a fait l'éloge du dessinateur qu'il y a en vous.

— Ah, très bien ! Dans ce cas, je lui dois une reconnaissance infinie.

— Les choses ont été plus dures cette année, avec la participation de Monet, et aussi celle de Renoir, au Salon.

— Le monde est plein de gens qui cherchent à servir leur intérêt personnel, qui font tout pour se hausser du col. Est-ce que l'art leur importe vraiment ? S'ils ont envie de parader devant un public stupide, au bazar officiel, alors, je n'ai nul besoin d'eux.

May ne fulmine pas autant que lui contre des amis comme Renoir, mais elle aussi, je le sais, se sent insultée par les propos de certains des critiques ayant évoqué la Ve Exposition des Impressionnistes qui s'est tenue ce mois-ci. Ils trouvent sa palette trop sombre, ses peintures moins intéressantes que celles qu'elle a montrées l'an dernier, quand elle avait fait de fracassants débuts. Henri Havard assure que son originalité est moindre. Philippe Burty estime que « la puissance de contraste » manque à son dessin, ce qui est ridicule, et il lui reproche même — mais quelle est donc sa formulation exacte ? — de « rechercher l'image inachevée ». « Il n'aime tout simplement pas ce que j'essaie de faire, dit May, jetant le journal sur le canapé. Les critiques peuvent être d'une telle sottise ! »

Je crois savoir qu'elle rend Degas en partie responsable de l'aspect chaotique de cette exposition de printemps. Elle avait travaillé l'hiver durant à des gravures qui devaient paraître dans *Le Jour et la Nuit*, la revue d'art que Degas projetait de sortir, mais pour découvrir, il y a de cela quelques semaines seulement, juste avant l'ouverture de l'exposition, que celui-ci avait le sentiment que ses propres gravures n'étaient pas au point. Et, parce que lui-même n'était pas prêt, le projet de la revue fut entièrement abandonné. Elle ne disposait que de huit peintures à l'huile achevées, dignes d'être présentées au public, l'essentiel de ses efforts ayant été consacré à la gravure.

May avait éprouvé de la colère contre Degas, comme d'ailleurs Pissarro et les autres. Mais sa colère était retombée. « Après tout, dit-elle, j'aurais pu peindre davantage. Il faudra que j'en fasse plus cette année, il n'y a pas à en sortir. Au printemps prochain, j'aurai les critiques à mes pieds. »

Encore petite fille, elle avait prouvé qu'elle pouvait discuter pied à pied avec n'importe qui, y compris Père, qui n'était pas homme à se priver de dire ce qu'il pensait. Il avait tenté de l'empêcher de faire un tas de choses : de suivre des cours d'art à Philadelphie, de faire des études et des séjours en Europe, de vivre à Paris. Il ne parvenait pas à comprendre pourquoi elle se refusait à rester tout bonnement à Philadelphie, et à s'y marier. « Tu pourrais continuer à peindre, May. L'Amérique n'est pas dépourvue de culture, tu sais ! »

Elle tient tête à Degas de la même façon. Il entre quelque chose de malicieux et de houleux dans leur amitié. Bien qu'elle trouve parfois son humour trop caustique, il lui arrive d'y prendre plaisir par moments, et, à n'en pas douter, elle admire son intelligence et son amour profond de l'art. Elle l'a vu presque quotidiennement tout au long de cette année, se servant de sa presse, expérimentant des méthodes diverses, le côtoyant dans son atelier ou dans le sien propre, dans les musées ou chez les marchands d'art, et puis, bien sûr, dans notre appartement. Elle avait même posé souvent pour lui au cours de l'hiver (*et May Alcott est morte juste après Noël,* ce souvenir obliquant dans mon esprit tel un oiseau qui aurait vite repris son envol, *le visage livide, ravagée par une infection consécutive à son accouchement*).

May continue de poser pour Degas, parfois peut-être à mon insu. Évidemment, elle n'a rien de commun avec ses autres modèles. J'étais souvent présente dans son atelier alors qu'elle posait, se contemplant dans une glace, essayant un chapeau, ou assise avec son ombrelle fermée. Ces peintures ne comportent pratiquement pas de ressemblance avec celles auxquelles je sais qu'il travaille en ce moment et qui représentent des danseuses aux épaules et aux bras nus, aux jambes musculeuses revêtues de collants. Leurs silhouettes ont un air gauche, et certaines sont même laides. Il les montre dans une lumière crue, sous des angles peu flatteurs, peinant à lever leurs jambes, ou bien en train de se reposer, exténuées par leur effort.

Des rumeurs me sont parvenues au sujet d'autres peintures auxquelles il est attelé, avec des sujets trop risqués pour qu'elles soient montrées au public. Je me demande si May les a vues.

Je regarde par la fenêtre comme quelqu'un qui serait spectateur d'une fête, je tiens à la main une jolie tasse vide et fixe le pan de ciel bleu. J'y observe les rapides griffures qu'y dessinent les oiseaux, d'un gris profond contre le bleu, je prête l'oreille aux subtiles intonations de la conversation de ma sœur avec Degas, j'imagine son travail sur les nuances, le lent passage d'une couleur à une autre. Et je me demande : *À quelle distance de May se tient-il ? De quelle façon se regardent-ils ?*

— Je compte bien que vous viendrez toutes les deux à ma soirée, ce samedi.

— Sûrement, n'est-ce pas, Lyd ?

— J'espère.

Côtoyer ses amis et ceux de May — Renoir, Caillebotte, Pissarro parmi d'autres —, se sentir en vie dans un lieu où se presse une foule de gens brillants procure une joie passablement grisante. Si le billet d'entrée comporte le risque d'être la cible de l'humour acide du maître de céans, j'imagine que je suis prête à en payer le prix.

— J'espère aussi que vous poserez encore pour moi un jour prochain, mademoiselle Cassatt.

— J'en serais flattée, dis-je tout en gardant la pose.

Et c'est vrai, au moins en partie. Le plaisir que j'ai éprouvé à poser pour lui avec May, en janvier dernier, m'a surprise. Dans son atelier, il m'a fait asseoir, un guide touristique à la main. Il voulait, expliqua-t-il, faire de nous deux touristes en visite au Louvre, probablement dans le département d'art étrusque, et nous montrer l'une debout, l'autre assise.

Comment décrire ce qu'on ressent quand cet homme a les yeux rivés sur vous ? Son regard s'apparente par moments à une tempête qui s'abattrait sur une côte, mettant à mal les arbres, soulevant le sable des dunes. Je n'y avais pas été préparée.

Dans l'atelier de May, la densité de l'air devient palpable. Je me vois en train d'ouvrir la bouche pour le manger comme si c'était du pain.

— Excuse-moi, May. Tu viens de dire quelque chose ?

— Lyddy ! Je croyais que tu écoutais ! Nous étions en train de parler de l'été prochain. J'engageais M. Degas à venir nous rendre visite à la campagne, quand nous louerons notre maison à Marly.

— Ah, bien sûr. Ce serait formidable !

— Vous devez vous plaire à la campagne, mademoiselle Cassatt.

— Oui. C'est qu'il peut faire terriblement chaud à Paris en été.

— Nos neveux et nos nièces doivent passer quelque temps avec nous, ajoute May. Notre frère Aleck viendra des États-Unis avec sa femme et ses quatre enfants. Ma sœur brûle de pouvoir à nouveau les gâter.

— Il me semble que tu les gâtes tout autant que moi !

Je souris, rien qu'à penser à eux. Je pense aussi à Gard, qui mène aujourd'hui sa carrière à Philadelphie, et qui est resté célibataire. J'ai hâte de le revoir. De l'autre côté de la fenêtre, haut dans le ciel, les nuages floconneux ont commencé à se désagréger, en fragments plumetés.

— Et vous travaillerez là-bas ?

C'est à May que Degas s'adresse, d'une voix râpeuse et basse.

— Je ferai ce que je pourrai. Je peux peindre en plein air, par beau temps.

— Oui. J'aimerais voir ce que vous ferez.

— Vous viendrez voir.

— *Oui.* Je viendrai voir.

— Lyddy, appuie mon invitation !

— *Bien sûr.* Il va de soi que je l'appuie.

La lumière a migré de mon fauteuil vers le plancher à côté de moi et, dans un moment, je le sais, elle n'inondera plus les lattes de ce plancher mais deviendra quelque chose de diffus. Elle deviendra plutôt une pensée, l'idée qu'on se fait de la lumière.

iv.

— Une petite récréation, Lyd ?

Tandis que j'abandonne ma pose, je vois ma sœur debout auprès de son chevalet, à la fois euphorique et fatiguée. Degas a pris ses aises dans le fauteuil le plus proche de May, et ses yeux aux paupières lourdes évoquent ceux d'un lézard au soleil. En même temps que je me lève, il se lève lentement.

Je regarde la peinture, et je vois une femme, vêtue de rose et de blanc, le blanc (le col de ma robe) formant un nuage radieux autour de son cou ainsi qu'à son poignet, tandis qu'une débauche de couleurs (les jacinthes) entoure sa tête. Je me rapproche davantage du visage de la femme dont le menton est à moitié caché par les touches de peinture blanche, le front entouré de volutes de cheveux blond vénitien, et dont les yeux bleus, figurés par de prestes coups de pinceau, regardent ailleurs, sa bouche esquissant un demi-sourire qui préserve son expression mystérieuse.

Regarde-moi, ai-je envie de lui dire. *Dis-moi à quoi tu penses en portant à ta bouche cette tasse à liséré d'or.* Cette envie, je le sais, est absurde.

— *Alors ?*

May me regarde d'un air interrogateur.

— C'est superbe, May.

— Ça te plaît vraiment ?

— Évidemment que ça me plaît. Les couleurs sont superbes.

Et je me demande intérieurement : *Ne pourrais-tu pas trouver un autre mot ?* May attend de toi quelque chose de plus. Je me sens incapable de lui exposer mes pensées : de lui dire à quel point j'ai envie d'être cette femme, de faire partie de cet univers étourdissant et merveilleux, de ne pas être Lydia, de ne pas être moi-même, de ne pas me sentir tout d'un coup exténuée et glacée, avec cette douleur à la tête, tandis que Degas regarde par-dessus nos épaules.

— Très joli, fait-il.

La Tasse de thé, The Metropolitan Museum of Art, from the Collection of James Stillman, donation du Dr Ernest G. Stillman, 1922 (22.16.17). Photograph © 1998 The Metropolitan Museum of Art.

— Joli ? Ne m'insultez pas !

Il lui décoche un sourire énigmatique et malicieux.

— Mais voyons, vous savez parfaitement que c'est très bien ! dit-il. On peut vous envier votre sens de la composition. Une femme ne mérite pas d'être aussi douée dans ce domaine ! Et il ajoute : En fait, votre modèle ne compte pas pour rien dans tout ça…

— Le modèle n'a pas grand mérite, dis-je.

— *Au contraire.* Une grande partie du mérite revient au modèle.

Il m'observe d'un regard amusé.

— Mais bien sûr que son mérite est grand ! Lyddy, tu es d'une modestie ridicule.

Elle montre du doigt sa toile.

— Je vais travailler encore la robe et l'arrière-plan, et travailler un peu plus le visage. Simplement, je ne peux plus te faire poser aujourd'hui. Et puis, la lumière n'est plus la même.

— Je peux revenir demain, dis-je, bien que ma tête commence à me faire sérieusement mal.

Ma maladie fait parfois un retour en force, comme en ce moment.

— Lyddy !

Je sens la main de May sur la mienne. Je suis tombée en avant, et quelqu'un m'a fait asseoir dans un fauteuil.

— Ce n'est rien, May.

Je sens sa main sur mon front, puis ses doigts qui défont le ruban de mon bonnet, sous mon menton.

— Edgar, apportez-lui un peu d'eau, je vous en prie.

— Tout de suite.

Au bout de quelques instants, on approche une tasse de mes lèvres, mais je secoue la tête.

— Ce n'est rien.

Me voici une nouvelle fois confinée à l'intérieur de mon mal. Je ne suis pas consciente de ce qui se passe : la lente descente à pied de l'atelier de May jusqu'à la rue, le retour en fiacre à la maison. Je me rends compte confusément que j'ai cessé de me préoccuper de ce que les uns et les autres pensent de moi, y compris Degas qui, étonnamment bouleversé, nous accompagne dans cette course en fiacre.

V.

Des jours entiers peuvent s'écouler ainsi : allongée dans mon lit, je suis sous cet édredon que j'apprécie quand je suis en forme, mais qui, maintenant, me démange et me pèse, de même que chaque détail du monde qui m'entoure semble faillir lui aussi à sa mission. Des bruits qui pourraient donner du plaisir à quelqu'un en bonne santé me vrillent jusqu'à me transformer en une pitoyable loque : ainsi de celui que fait Lise en posant la cuvette sur ma table, de la voix de Mère qui appelle May, du cliquetis de l'argenterie et des assiettes, des jappements de Batty et, assourdis et néanmoins dérangeants, des bruits en provenance de l'avenue Trudaine.

Je ne suis pas faite pour cette vie. Je me tiens tranquille, espérant que la maladie se décidera à s'éloigner, me laissant vide et récurée, frêle réplique de moi-même, mais à tout le moins paisible et vivante, semblable au petit tas d'os d'un oiseau qui se mettrait miraculeusement à chanter, en haut d'une falaise.

J'appelle Lise, ou May, à supposer qu'elle soit à la maison. Ma bouche s'ouvre tandis que mon estomac tangue et se soulève. Mère met trop de temps à venir, et j'ai scrupule à lui demander de nettoyer mes salissures. Lise est immature et la maladie lui répugne. Elle fronce son nez et retient sa respiration, poussant des soupirs et faisant des embarras tandis qu'elle sort avec la cuvette. May se comporte mieux parce qu'elle a du courage, ce qu'on appelle du cran, mais elle ne parvient pas à dissimuler son désarroi face à l'état où je me trouve.

Pourquoi faut-il que je me sente coupable d'être malade ? Il est certain que je ne suis pas coupable. Au milieu de ma détresse, j'éprouve de la colère envers les membres de ma famille, qui marchent sur la pointe des pieds et me regardent d'un air apitoyé, comme si j'étais déjà morte, mais qui, en même temps, semblent faire preuve d'impatience à mon égard. Je les imagine en train de se dire : *Retrouve la santé ou bien tire-nous ta révérence, il faut que tu choisisses entre les deux solutions. Nous ne pouvons pas supporter de t'accompagner plus avant dans cette maladie.*

vi.

May est devenue nerveuse. Elle a perdu des jours entiers à me soigner. Il a même fallu plus d'une fois qu'elle me baigne, car j'ai été trop malade pour prendre mon bain toute seule. Je crains qu'elle n'éprouve du dégoût pour mon corps, livide et disgracieux, mes seins lourds, qui représentent trop d'intimité pour les mains d'une sœur faisant passer ici et là le gant de toilette. *Mon corps est un lieu que je souhaite quitter, comme je sortirais de notre jardin à Hardwick, et franchirais furtivement la grille pour me retrouver dans la prairie.*

J'aime malgré tout avoir May auprès de moi. Elle a continué de peindre et de travailler, à des gravures me semble-t-il, cela tous les matins (*qui donc voit-elle alors ?*), mais, au lieu de poursuivre son activité, elle revient maintenant à la maison à midi. Elle me fait parfois la lecture et, d'autres fois, quand je me sens trop mal, elle s'assied sur mon lit et garde mes mains entre les siennes. Nous avons toutes les deux de la chance quand sa présence réussit à me pacifier et me permet de trouver le sommeil.

Je prends plaisir aux moments que je passe avec May. Mais je voudrais bien ne pas en payer le prix par tout ce que j'endure.

vii.

En me réveillant ce matin, je vois May dans le fauteuil, à côté de mon lit. Quelqu'un a ouvert les rideaux, et le soleil inonde le mur qui me fait face, ainsi que ma broderie. Le visage encadré par son bonnet rouge et un foulard de soie bleu roi, May paraît à la fois lasse et résolue. Elle porte un manteau de léger lainage gris. *S'il m'était donné de te peindre en cet instant précis,* me dis-je intérieurement, *voilà comment tu m'apparaîtrais : fatiguée mais radieuse, ton visage à moitié dans l'ombre, la lumière autour de toi donnant à l'air une consistance crémeuse.* Elle entreprend d'enfiler ses gants beiges et de boutonner ses boutons de nacre. Elle me jauge du regard.

— Tu as l'air d'aller mieux.

— C'est une chance !

— Je me suis fait du souci pour toi.

— Je me suis fait du souci moi-même.

Je la regarde boutonner le dernier bouton et défroisser son manteau. L'espace de quelques instants, j'imagine mon corps comme une sorte de paysage à travers lequel je peux me déplacer, dressant l'inventaire des arbres et des routes, vérifiant si les ponts ont tenu le coup durant cette semaine mouvementée. Rien que de pouvoir formuler une telle pensée m'apparaît comme un luxe.

Dans cette plage de calme, le souvenir de la peinture me revient. À quoi ressemble-t-elle en ce moment, dans la lumière de l'atelier de May ?

— Quel jour sommes-nous ? pourrais-je bien demander. En quelle saison sommes-nous ? En quelle année ?

— Nous sommes lundi.

J'essaie de calculer combien de temps j'ai été malade. May semble lire dans mes pensées.

— Tu as passé cinq jours au lit.

— Ah ! Je suis désolée pour la peinture, May.

— La peinture est pratiquement terminée. Je peux attendre que tu te rétablisses.

Je scrute son visage. Elle est pâle, et les cernes qu'elle a sous les yeux paraissent plus profonds. Elle est venue à mon chevet très souvent cette semaine, au milieu de la nuit. *Serais-je donc coupable, dans ce cas ?*

— Que comptes-tu faire aujourd'hui ?

— Oh !

May prend un air insouciant.

— J'ai des tas de choses à faire.

— Tu as un autre modèle ?

May me lance un regard rapide.

— Je peux toujours trouver quelqu'un.

Elle attache longuement son regard sur moi.

— Mais je ne pourrais pas trouver quelqu'un qui te vaille, Lyd.

— Tu dis n'importe quoi !

— Tu sais pourtant que c'est vrai.

Elle regarde par la fenêtre.

Tandis qu'elle sort de ma chambre, je lui dis :

— Courage, May.

viii.

Quand vous êtes malade, vous disposez de beaucoup de temps pour réfléchir. De trop de temps. Votre existence se porte à votre chevet, bienvenue ou importune. Par moments, cette personne en visite m'apparaît sous les traits d'un être monstrueux et difforme, arc-bouté sur ma poitrine, se refusant à prendre congé et me présentant image après image tout ce dont je peux me souvenir. Je me revois en train d'abreuver d'injures des proches : May quand elle était petite, Aleck, Gard et Robbie, avant sa mort. Me revient aussi ce sentiment d'être dépossédée, tandis que j'adresse des signes de la main à Aleck, depuis le bateau quittant New York. Il devient plus petit, de la taille d'une touche de peinture, et j'ai l'impression que dans cette silhouette, pour ainsi dire invisible aujourd'hui, est enclose ma propre enfance. *Tu vas épouser Thomas ? avait-il demandé un soir, alors que nous étions assis sur les marches menant à la cuisine. J'avais alors vingt-trois ans. Oui, oui, je vais l'épouser.* Puis, curieusement, May Alcott se faufile à travers ces souvenirs, alors qu'elle n'avait pas été conviée. Elle est telle que lorsque je l'avais vue pour la dernière fois, son visage de malade se détachant sur l'oreiller blanc, les yeux clos. Trois semaines durant, en décembre dernier, elle est restée dans le coma, dans sa maison de Meudon.

Pareilles pensées deviennent constitutives de ma maladie, se mêlant à mes nausées et à ma migraine, et tout se passe comme si le bruit sourd d'un océan emplissait ma tête. Les souvenirs peuvent-ils faire mal ? Si oui, alors ceux-là font mal. J'ai l'impression par moments de me trouver engluée dans un rêve fait de maladie et de chagrin, et aspirant à me réveiller au matin d'une journée nouvelle.

Au milieu de ma maladie, je me découvre un impérieux désir de poser à nouveau. Cependant que je suis au lit, ridiculement faible, l'envie me prend de pénétrer dans le studio de May et de tenir à nouveau la tasse et sa soucoupe, ou un livre, ou n'importe quoi d'autre.

Des séances de pose procède toujours une surprise : vous ne savez pas d'avance l'image qu'elles donneront de vous. Après que j'ai posé pour Degas, l'hiver dernier, il a réalisé plusieurs œuvres différentes — eaux-fortes, pastels — à partir du croquis d'origine, et May et moi y apparaissions tantôt dans la galerie d'art étrusque, tantôt dans une autre salle du Louvre. À les regarder, j'ai entrevu avec une douloureuse lucidité la façon dont je devais lui apparaître, je veux dire par là de quelle façon je devais lui apparaître vraiment, dans la vie elle-même. La pose qu'il nous avait fait adopter avait à la vérité quelque chose de comique. Nous avions l'air de deux touristes qui affrontaient le Louvre. J'étais assise dans un coin, le guide touristique tenu tout près de mon visage, recouvrant mon menton, alors que May était debout, insouciante, séduisante, le dos tourné aux spectateurs de l'œuvre, son ombrelle faisant un angle aigu avec le sol, et donnant l'impression d'être beaucoup plus attentive à sa propre élégance qu'à cet art à la fois incompréhensible et fascinant qu'elle avait devant elle.

Bien entendu, May et moi ne pouvions savoir à quoi nous ressemblerions, surtout à partir du moment où Degas avait ajouté l'image de la galerie d'art étrusque. Dans l'eau-forte, May contemplait et, pour ma part, je regardais furtivement un magnifique sarcophage offrant le spectacle d'un couple à demi dénudé, l'homme et la femme penchés en avant à l'intérieur d'une vitrine de verre comme s'ils voulaient fixer sur nous leur regard. Quand il me montra cette œuvre, je me sentis offensée à la vue de cette femme timide, se dissimulant derrière un livre, à peine capable de regarder le couple superbe qui repose sur sa couche pour l'éternité. Je sais qu'il est stupide de se sentir offensé par la façon dont quelqu'un vous a représenté dans une œuvre d'art — après tout, celle-ci n'était pas censée être un portrait — mais cela n'empêche que je me suis sentie offensée. May se contenta de faire l'éloge de la composition de l'eau-forte, et elle se mit à rire de ce trait d'humour, sans en prendre le moindre ombrage.

J'aurais souhaité pouvoir réagir avec l'assurance dont a fait preuve May, avec son adhésion au caractère satirique de l'art de Degas. Sa réaction est la bonne. Quant à moi, la seule pensée qui me venait à l'esprit, c'était : *Évidemment. Évidemment, c'est de cette façon qu'il me voit !* Je me surpris à discuter mentalement avec lui, exercice ô combien stérile, à lui dire : *À la vérité, vous avez tort. Je ne suis pas quelqu'un d'aussi timoré. Quand je regarde une chose, je le fais sans réserve, et avec autant de lucidité que vous-même considérez le monde autour de vous.*

ix.

Lorsque Mère entre dans ma chambre, je me réjouis de sa présence qui m'apparaît comme un soulagement et un dérivatif à ce genre de pensées. Dans le fauteuil, à côté de mon lit, elle trouve spontanément sa place dans le temps présent, ici, dans notre appartement, occupée à tricoter, à lire le journal, à écrire des lettres à des amis aux États-Unis, mais aussi à Aleck et à Gard. Elle prend plaisir à rester avec moi et s'enquiert de mon état d'esprit. Je refais alors surface, la rejoignant dans cet « ici et maintenant », laissant en quelque sorte hors cadre le tourbillon de mes émotions. Tandis que je bavarde avec elle, je remise la plupart de mes souvenirs douloureux, les enveloppe dans du papier et les enferme dans des tiroirs, tout comme Cora et les autres bonnes faisaient de nos vêtements, dans chacune de nos maisons successives, quand une saison nouvelle s'annonçait. Je regarde la chambre autour de moi, et je regarde par la fenêtre, consciente de la qualité de la lumière, de la couleur du ciel.

— Je suis en train d'écrire à Aleck, dit Mère, ajustant ses lunettes. Je lui demande si dans l'âme frivole de ton jeune frère Gardner, il y a place pour un quelconque projet de mariage.

Ses cheveux poivre et sel sont relevés en chignon sous sa toque. Ses bagues lancent de petits éclairs de couleur.

Je m'accroche à la pensée du beau Gard et de la progéniture d'Aleck : Eddie, Sister, Robbie et Elsie. Je me souviens d'avoir pris dans mes bras la benjamine, Elsie, le jour de sa naissance à Philadelphie. C'était un petit paquet rebondi de chair, avec un front doux comme de la soie. J'avais plongé la main dans la bassine d'eau chaude, pour laver le bébé. *Les draps étaient ensanglantés, Lois ressemblait au fantôme bouffi et exténué d'elle-même. Vivra-t-elle* ? m'étais-je demandé, prise de peur.

— Elsie doit être grande aujourd'hui.

— Oh oui. Lois raconte qu'elle lui donne du fil à retordre.

Mère me regarde avec un sourire amusé.

— Les enfants vont adorer la campagne.

Mère hoche la tête.

— Il faudra que May les emmène faire toutes sortes d'excursions.

— Elle a dit qu'elle avait aussi l'intention de leur faire visiter Versailles.

— Voilà une riche idée ! Ils pourront voir les feux d'artifice.

— May va peut-être peindre les enfants.

— À condition qu'ils se tiennent tranquilles. Tu sais que May ne peut pas supporter les petits qui gigotent.

Les enfants sont une thérapie de premier ordre.

x.

Au milieu de l'après-midi, je suis tirée d'un sommeil troublé par May qui s'est assise sur mon lit. Monter les cinq étages qui conduisent à notre appartement l'a mise hors d'haleine. Mon rêve vole en éclats (*un soldat, le visage soufflé, mes propres mains couvertes de sang*).

Je me frotte les yeux et je regarde May qui déboutonne ses gants, tirant fébrilement sur les boutons.

— J'ai trouvé un nouveau modèle, Lyd. Et, si tu veux savoir, j'en ai même trouvé deux.

— J'en suis ravie, dis-je, encore que je détecte, au fond de moi, avant qu'il tente de s'échapper, un autre sentiment : serait-ce de la jalousie ?

— L'un d'eux est très jeune.

— Ah bon ?

Ma jalousie se fait plus harcelante.

— Oui. Et plutôt remuant.

— Remuant ?

— Il gigote sans arrêt.

Je fixe May d'un air étonné, et elle se met à rire.

— *En effet,* il est difficile de se tenir tranquille quand on a moins d'un an.

— Ah.

Je savoure mon soulagement.

— Tu as trouvé un enfant ?

— Le petit-neveu de notre propriétaire. Sa nièce est venue la voir de Dieppe.

— Et comment as-tu obtenu qu'ils posent pour toi ? Tu as demandé ça à la mère de l'enfant ?

— Oui.

May a l'air très satisfaite d'elle-même.

— Je les ai rencontrés sur le seuil de Mme Philippe. Le bébé était endormi dans son landau. Il a des cheveux dorés, Lyd, comme un chérubin, un chérubin de Tiepolo.

— J'aimerais beaucoup le voir.

Ma chambre me paraît tout d'un coup exiguë, plus petite encore que d'habitude, aussi étriquée qu'une boîte à chapeaux.

— Je suis sûre que tu auras l'occasion de le voir. Ils vont passer une semaine chez Mme Philippe.

— Invite-les à venir prendre le thé, May.

— Si tu te sens d'attaque.

— Je me sens assez bien. Prévois ça pour dans un jour ou deux. Je suis persuadée que le bébé adorerait Batty.

— Je ne suis pas persuadée que Batty l'adorerait. Mais je vais quand même faire en sorte qu'ils viennent.

xi.

Cet après-midi, May a rapporté un tableau à la maison, un pastel. Deux personnages, une femme et un bébé, y sont enlacés, le bébé entourant de son bras le cou de sa mère. Je suis sidérée par la façon dont elle n'a montré que leurs deux têtes vues de dos : on ne voit rien de leurs visages. La mère se penche pour embrasser le bébé, et seuls apparaissent le modelé de sa joue et une partie de son front, ainsi que la joue soyeuse du bébé. Quel étonnant parti pris que de soustraire ce baiser à notre regard ! Tout se passe comme si May disait : *C'est là quelque chose que vous devez vous borner à imaginer, car ces personnages n'ont pas besoin de vous. Ce que vous voyez d'eux se limite à ça.*

— Comment as-tu réussi cette prouesse, May ?

— Il a fallu que je mène les choses rondement, surtout pour restituer les modelés, et cette courbe.

Elle suit du doigt le « V » harmonieux de la joue de la mère, intercalé entre le petit bras du bébé et sa tête.

— Mais comment t'est venue l'idée d'une telle pose ?

— J'avais envie de montrer deux personnages si proches qu'ils donneraient l'impression de se fondre l'un dans l'autre. Je voulais que leurs visages demeurent un mystère.

— Je peux presque sentir la joue du bébé.

May observe un instant de silence. Puis elle ajoute :

— J'avais envie de recréer un moment d'intimité absolue. Ce genre de moment est éphémère et non prémédité, mais dans le tableau, il tient la distance, il perdure.

Je pense aux danseuses de Degas, acharnées au travail, exténuées, isolées les unes des autres, comme aussi de leur professeur de danse ou d'autres hommes qui s'attardent ici et là, dans les coulisses. On ne voit parfois d'elles que des jambes, leur buste étant rogné par le cadre de la peinture, et l'on se surprend souvent à entretenir une étrange relation avec elles : à les épier, ou à les regarder d'en haut. L'espace qui les sépare est tendu, empli d'angoisse. Je ne me souviens pas d'avoir vu une seule œuvre de Degas où deux silhouettes soient enlacées, en plein centre de la composition, si proches qu'on pourrait les toucher, et il me semble impossible de l'imaginer en train de peindre un sujet tel que celui représenté par May, avec ce qu'il implique de fraîcheur, d'enjouement et de spontanéité : une mère et un bébé, communiant dans un amour absolu. La vigueur du trait, l'audace des couleurs et de la composition, tout cela, c'est du pur Mary Cassatt.

— Je ne vois pas qui d'autre que toi aurait pu peindre une œuvre pareille, May.

Elle se tourne vers moi, le visage empourpré, l'air triomphal.

— Moi non plus.

Je regarde à nouveau le pastel : le bleu somptueux du fauteuil, le vert profond de la robe de la femme, la tonalité dorée des cheveux de l'enfant et le blanc de sa chemise, les nuances vives de vert et de rouge du papier peint derrière eux, le mystérieux et superbe intervalle, ombré de rouge, séparant le visage de la mère de celui du bébé. La composition tout entière a son point focal ici, dans cette ombre rouge, dans ce baiser ardent et invisible.

Je les porte en moi maintenant, ces deux personnages, unis en une folle étreinte. *Un bras et puis l'autre, une joue et puis l'autre, dans un tourbillon de couleurs éclatantes. Deux personnages à l'écoute l'un de l'autre.*

xii.

Je suis assez en forme aujourd'hui pour aller dans le petit salon en l'honneur de la visite d'Isabelle et Michi. May vient tout juste de terminer la peinture qui les représente. J'espère la voir bientôt. May dit que c'est une scène de bain, et qu'ils y apparaissent en déshabillé. Elle m'a emprunté ma jaquette et mon pantalon blancs, et elle a également pris dans ma chambre la bassine en porcelaine de Delft. « Je pense que tu aimeras cette toile, Lyddy », me dit-elle.

Assis sur les genoux de sa mère, Michi tient à la main un éclair au chocolat et paraît joyeux comme un marin en goguette. Il porte un costume écossais et un tablier blanc, et ses petites chaussures marron semblent battre la mesure pour un orchestre interprétant une partition frénétique. Isabelle a des manières charmantes. Elle écoute poliment May ainsi que Mère et Père qui évoquent nos nièces et nos neveux aux États-Unis. J'offre à Michi de petites chaussettes de laine et May lui donne un livre d'images récemment paru, signé Kate Greenaway.

— Vous repartez bientôt pour Dieppe ? demande Mère en français tout en présentant à Isabelle des tranches de melon.

— Merci bien, madame. Oui, nous repartons demain matin.

— Pensez-vous revenir à Paris l'année prochaine, *madame* ? demande Père.

Isabelle sourit.

— *Je l'espère, monsieur.* Mais il est possible que notre famille s'agrandisse cette année et, comme vous vous en doutez, voyager deviendra plus difficile.

Michi s'empare d'un *marron glacé* dans l'assiette d'Isabelle et l'offre à Père. Lequel l'accepte de bonne grâce. Batty se tient sur le tapis à côté d'Isabelle, remuant la queue et regardant en direction de Michi, avec l'espoir qu'un *marron* ou un *éclair* tombera par terre.

Un moment plus tard, quand nos deux visiteurs qui ont pris congé franchissent la porte, nous éprouvons tous brièvement le sentiment d'avoir perdu quelque chose. Mère pousse un soupir et Père prend sans entrain *Le Temps* et se laisse tomber dans un fauteuil. May arpente la pièce à deux ou trois reprises, jetant un coup d'œil au miroir qui surmonte la cheminée, puis regardant par la fenêtre orientée au sud, le front collé contre la vitre : je sais que par cette fenêtre, elle peut voir tout Paris. J'ouvre mon livre — la vieille édition écornée de *Sonnets from the Portuguese* — et je m'efforce de lire, mais sans parvenir à penser à autre chose qu'à Michi, ses formes rebondies et sa bonne humeur. J'aurais souhaité que May le peigne des dizaines de fois, afin que nous puissions l'imaginer constamment avec nous.

May vient s'asseoir sur l'ottomane, à côté de moi. Je lui demande :

— C'était un bon modèle, n'est-ce pas ?

— *Oui.*

— Et le bébé aussi.

— Le bébé aussi.

— Il faudra que tu peignes les enfants, cet été, lui dis-je.

— *Oui*, tu as raison, Lyd.

— Tu réussis très bien les portraits d'enfants, tu sais, May.

— Tu crois vraiment ?

L'espace de quelques instants, elle paraît plus juvénile. Elle cherche mon regard.

— Oui, je le crois. J'en suis même persuadée. Tu as génialement réussi ton coup.

— J'ai été moi-même surprise du résultat de mon travail.

Je jette un rapide coup d'œil sur mon livre.

Je me fais la réflexion que la face du monde est changée
Depuis que j'ai entendu pour la première fois les bruits de pas de mon âme.

— Ce dont on peut se réjouir, May, c'est que tu pourras toujours trouver des enfants qui seront pour toi de merveilleux modèles.

L'expression de May me paraît impénétrable.

— Oui, Lyddy, c'est vrai.

xiii.

Quand May me montre le tableau, j'ai l'impression qu'elle me fait un cadeau. Voilà, c'est un moment de pure sérénité : une mère tord un linge dans une bassine bleu et blanc, cela d'une main large et forte tandis qu'elle tient de l'autre un enfant qui somnole, les jambes croisées, les yeux mi-clos tournés vers elle, et elle se penche pour le regarder de son côté, son front effleuré par la lumière, sa tenue évoquant un paysage blanc au milieu duquel il se repose, apaisé, paressant au cours de ces instants qui précèdent le bain, si limpides, si calmes qu'on les dirait hors du temps. Empreinte d'une tranquille assurance, la main de la mère s'attarde dans l'eau de la bassine, et elle se penche au-dessus de son bébé, et le bébé ne la quitte pas des yeux. À l'extérieur de la pièce, la vie poursuit son cours, avec ses bateaux et ses trains, ses républiques, ses lointaines colonies, son industrie, son injustice, ses guerres, sa terreur. Le monde n'est plus qu'une vue de l'esprit quand il s'agit d'autre chose que de cette tranquillité, cet espace clos, cet amour attentif.

Ailleurs à présent, les draps ensanglantés, le cri du bébé, le visage épuisé, des cerisiers sur le flanc d'une colline, de la terre jetée sur une boîte en bois, une douleur suppliciante, et puis l'absence.

XIV.

Je suis mieux maintenant, beaucoup mieux. Mère persiste à penser que May et elle devraient m'emmener dans une station thermale, peut-être à Pau, et de son côté Père tempête, réclamant qu'elles restent auprès de lui à Paris. « Il se trouve en outre que nous avons déjà réglé la location de la maison à Marly, May, et je doute qu'on nous restitue la somme. » Je me range à son avis, quoique pour des raisons différentes. La perspective de côtoyer des hordes de touristes anglais en train de prendre les eaux suffit à me rendre à nouveau malade. Et si nous devions passer deux mois à Pau, je me verrais privée de la moitié du séjour d'Aleck en France. Il se trouve aussi qu'à la campagne, au sein de ma famille, j'aurais un meilleur régime alimentaire et je jouirais de plus de calme et de tranquillité que dans une station thermale.

XV.

Comme je me sens toujours bien le lendemain, May m'aide à enfiler la robe vieux-rose et m'accompagne tandis que je descends l'escalier marche après marche. Mathieu arrête la voiture juste devant l'entrée de l'immeuble, et nous parcourons comme des princesses l'avenue Trudaine jusqu'à la rue des Martyrs, avant de remonter le boulevard de Clichy. Le quartier semble pimpant ce matin, lavé par une ondée de fin de printemps. L'air est plus doux et, tandis que je descends précautionneusement de la voiture, m'agrippant à la main de May, un flot de satin me soutient, m'aide à me mouvoir avec davantage de légèreté.

Contrastant avec la lumière éclatante de cette matinée, l'atelier de May paraît d'abord d'un bleu crépusculaire, et je suis parcourue d'un frisson. Mais quand May tire les rideaux, puis ouvre les fenêtres, la lumière donne aux lattes du parquet des reflets blonds, se posant aussi sur le coin du manteau de la cheminée qu'elle fait passer d'un gris foncé à un bleu argenté. Même les encoignures les plus reculées deviennent moins obscures, et tout un univers refait surface : la table basse en acajou, les fauteuils bien rembourrés, les chemins de table et les serviettes bien pliées, les tasses et les soucoupes, les vases japonais, les tapis anatoliens, le miroir qui surmonte le manteau de la cheminée. Les aiguilles dorées de la pendule indiquent dix heures un quart.

Je me retiens de pousser un éclat de rire. Quel exploit ! Par la grâce d'un miracle, ou de la mansuétude de Dieu, ou d'une chance stupéfiante, me voici à nouveau ici, dans cette pièce, en compagnie de ma sœur, par une matinée de printemps à Paris, sur le point de prendre part à un processus de création aboutissant à une image faite de touches de peinture sur une toile.

Et elle est toujours à sa place, la femme de la peinture, tenant à la main tasse et soucoupe, prête à boire son thé, un sourire illuminant son visage. On jurerait qu'elle se trouve à quelque fête, dans sa robe vieux-rose, son cou entouré de dentelle donnant l'impression d'avoir été aspergé d'une eau blanche.

— Évidemment, j'ai jeté les jacinthes, dit May tandis que je m'installe dans le fauteuil à rayures violettes et noires. Impossible de faire autrement ! La haute table verte n'est plus là, elle non plus.

— Tu pourrais peut-être trouver d'autres jacinthes, May ?

— Je n'en sais trop rien. Mais ça va comme ça. Je ne suis pas mécontente de ce que j'ai déjà tiré d'elles.

Elle tourne légèrement mon menton, puis effleure ma main droite.

— *C'est bien.* Ne bouge plus.

Et je ne bouge plus. Je tiens la pose, soulagée jusqu'à en être grisée de me trouver là pour la tenir. J'en suis même à me réjouir de la douleur que je ressens dans mes bras, des fourmillements qui me parcourent les doigts, du besoin pressant que j'éprouve de bouger.

La maladie offre ses moments de répit. Si elle lâche prise, ne serait-ce que pendant quelques jours, vous permettant de faire à nouveau votre entrée dans le monde, les choses se mettent à resplendir, prenant toute leur valeur à l'intérieur de contours précis. Cette tasse, si légère, tient à présent du miracle. Et d'autant plus que ma sœur la regarde, et me regarde, et prélève de son pinceau couleur après couleur sur sa palette, et s'attelle à une composition dont je suis le centre. Il y a là, pour moi, de quoi être profondément réconfortée.

III. *Le jardin*

et je vois alors May, et elle est toute petite — à peu près deux ans —, elle gambade à travers la prairie et je la rattrape et la serre contre moi. Elle est brûlante. Elle crie : " Bébé ! " " Il n'y a pas de bébé ici ", lui dis-je en passant mes doigts à travers ses cheveux, et

Marly-le-Roi, septembre 1880.

i.

Le jardin est plein de bourdonnements. Le ciel est d'un bleu intense, le soleil darde des rayons brûlants, c'est le milieu de la matinée. J'ai à la main mon crochet et le fil bleu, et je sens la chaleur de mes gants.

— Lyddy. Pourrais-tu ne pas bouger les mains pendant un moment ? J'essaie de les peindre.

J'immobilise mes mains. Je fixe mes gants et le crochet jusqu'à ce que mes yeux commencent à larmoyer. Respectant la position que doit avoir ma tête, légèrement penchée, je lève les yeux et regarde brièvement de biais pour apercevoir May. La dentelle de mon bonnet blanc ressemble à une ombrelle, qui serait tenue obliquement au-dessus d'elle. Sa blouse blanche semble trempée, et porte sur le devant une tache de peinture bleue. Elle fronce les sourcils tandis qu'elle étudie mes mains avec attention. Elle est debout et, avec son pinceau, prélève des couleurs sur sa palette. Je cligne des yeux à plusieurs reprises, et regarde mon crochet, tenaillée par l'envie de passer au point suivant.

— Je risque fort de te faire des doigts boudinés.

May semble mécontente d'elle-même.

— Peut-être sont-ils effectivement boudinés !

Je regarde à nouveau furtivement le visage de May pour la surprendre en train de sourire, et puis je baisse les yeux en direction de mes gants, couleur beige rosé. Au dos de chacun d'entre eux, j'ai ajouté, sur trois rangées, de jolies mailles rouges.

Mes bras ne tardent pas à me faire mal, et mes doigts me paraissent épaissis et enflés, mais les gants et la journée sont, quant à eux, toujours aussi radieux.

— À quoi travailles-tu, Lyddy ?

— Je fais un châle pour la poupée d'Elsie.

— Corabella ?

— Oui, Corabella.

Je revois les yeux étonnés de Corabella dans son visage de porcelaine, ses cheveux blond filasse qui évoquent un nid d'oiseau, ses bras et ses jambes de porcelaine, et son orteil amputé. L'une de ses mains a également été cassée, et

Elsie met un point d'honneur à remplacer son bandage tous les deux ou trois jours.

— Cette pauvre Corabella n'a pas une vie de tout repos, fait observer May.

— Ça ne l'empêche pas d'être tout à la dévotion d'Elsie.

— Oui. Elsie représente sûrement l'alpha et l'oméga dans l'univers de Corabella.

Ceci est une île, composée de May et de moi, de son pinceau et de mes gants, de ma douleur et de son regard. Sur sa toile, je me mue en une femme en bonne santé, vêtue de bleu et de blanc. Le soleil et le pinceau me guérissent, le pinceau et le soleil, et les oiseaux français dans un jardin français.

C'est fou ce que ce lieu — ce jardin, la maison que nous louons, le village — est plein de dynamisme, aisément relié à Paris par le train. La Seine y est semblable à un ruban qui ondule à travers la campagne, à l'écart de la ville. Si je le pouvais, j'irais à pied de Marly à Port-Marly, ou même jusqu'au pont à Bougival, pour contempler le fleuve, comme il est arrivé à May de le faire quelquefois en compagnie de Berthe Morisot, qui passe l'été non loin de nous. On respire un bon air par ici. J'ai laissé entendre aux membres de ma famille que nous pourrions vivre à longueur d'année à Marly, ou à Louveciennes, mais il se trouve que May se sent trop isolée à la campagne. Elle aime le tohu-bohu de Paris, la proximité des galeries, et aussi d'avoir ses amis dans les parages. Degas n'habite pas loin de notre appartement, là-bas, si bien qu'on peut aller chez lui à pied. Elle ne tient plus en place, au bout de trois mois passés dans ce village.

Je me prends à imaginer une petite maison qui serait à moi toute seule, une maison regorgeant de livres, ici à Marly, avec de la neige sur mon mouchoir de poche de pelouse, un petit jardin où je ferais pousser mes fleurs préférées, un fauteuil à côté d'une fenêtre.

Des pas rapides et légers se font entendre dans l'allée. Je me dis d'abord que c'est Elsie, et puis je me souviens qu'elle est à bord du bateau qui navigue vers l'Amérique. Aleck et Lois sont repartis avec les enfants il y a une semaine.

— *Bonjour, mesdemoiselles, où est Batty ?*

Vivi saute à cloche-pied devant moi, dans sa robe de coton bleu et son tablier blanc. Sa sœur aînée doit être venue donner un coup de main à Mère pour les travaux de raccommodage.

— *Pourquoi ?* Tu veux jouer avec lui ? lui demande May en français.

— Oui, mademoiselle.

— Va vite dans la maison et essaie de le trouver, et dis à Mme Cassatt que tu as mon autorisation.

— *Merci bien, mademoiselle.*

La fillette fait la révérence et se précipite à l'intérieur de la maison. Je ne tarde pas à entendre l'aboiement aigu de Batty, quelque chose qui évoque la sonorité d'un petit marteau en or — *tin, tin, tin !* — et la voix haut perchée de la fillette qui lui dit qu'ils vont aller ensemble jusqu'au ruisseau, et qu'ils auront peut-être l'occasion de voir un poisson ou une grenouille.

Il y a tout juste une semaine, Vivi jouait avec Sister et Elsie du côté des rosiers, charroyant Corabella et Joanna, la poupée de Sister, dans une brouette. Elsie m'avait apporté un jour deux poignées de pétales de roses et demandé s'il me serait possible d'en tirer quelque chose pour Corabella. « Les pétales sont trop fragiles pour qu'on puisse faire passer dedans une aiguille et du fil, lui avais-je expliqué, et puis, de toute façon, ils vont vite se faner et sécher. » « Tu ne pourrais pas essayer quand même ? avait-elle insisté. Corabella aime les roses, et elle a aussi besoin d'un nouveau châle. » Je vais donc faire à la patiente Corabella la surprise de ce châle bleu à trous-trous. Il va bientôt faire froid en Pennsylvanie.

Les enfants me manquent terriblement. Je suis sur le point d'en faire l'aveu à May, mais je sais qu'elle le sait. Ils lui manquent aussi, sauf que, pour sa part, elle dispose de cette compensation que constituent sa peinture et ses amis. Mon envie de les revoir est une faim que je ne peux pas satisfaire. Je n'aurais pas pensé que je m'attacherais à eux à ce point.

Les aboiements de Batty sont plus lointains. Je crois revoir Elsie quand elle se lançait à sa poursuite. Elle poussait un cri perçant quand elle l'attrapait, et il se mettait alors à se tortiller et à essayer de la mordre. Si je devais peindre Elsie, c'est l'image d'elle qui me viendrait à l'esprit. Je n'arrivais pas à comprendre son goût de la difficulté, de cela même qui se refusait à elle.

— Elsie adore Batty, dis-je.

— Oh oui, et le pauvre Batty a une peur bleue d'Elsie.

— Un rien suffit à terrifier Batty.

May se met à rire.

— Tu sais bien qu'il a peur de tout et de n'importe quoi. C'est la raison pour laquelle il aboie tellement.

Je marque une hésitation.

— Comme la personne qui te l'a offert ?

May rit encore.

— C'est vrai, on peut vraiment dire que Degas est capable d'aboyer. Et elle ajoute au bout d'un instant : Je pense que son propre aboiement peut lui inspirer de la peur. Cela quand il est dans un de ses bons jours. Car il lui arrive d'être gentil, n'est-ce pas, Lyddy ?

— Mais bien entendu qu'il lui arrive d'être gentil. Il s'est montré gentil avec les enfants, cet été, dis-je.

— Tu te souviens comment il leur a apporté des *bonbons* ?

— Oui, il leur a en effet apporté des bonbons.

Je souris.

— Est-ce là notre nouvelle litanie, May ? L'appellerons-nous « Éloge de Degas » ?

— Je sais qu'il n'a rien d'un saint.

— Un saint ? Oh que non ! Je n'attends pas de quiconque parmi mes relations d'être un saint !

— Mais parlons plutôt de toi, Lyd. S'il existe quelqu'un qui ait la trempe d'une sainte, c'est bien toi !

— Mais non, May !

Je la regarde.

— Il suffit qu'une femme soit célibataire et pas férocement égocentrique pour que les gens la considèrent comme une sainte !

— Eh bien, je ne suis pas, pour ma part, férocement égocentrique, je suis en outre célibataire, et personne ne voit en moi une sainte, rétorque May.

Je fixe à nouveau mes gants, et le fil bleu.

— C'est vrai. L'idée de sainteté n'est pas la première qui vienne à l'esprit quand on cherche à te décrire, May. C'est peut-être parce que tu es dévorée par l'ambition. J'imagine que la seule ambition d'un saint doit être de servir Dieu.

— Et toi, Lyddy, quelle est ton ambition ? Quelle est la chose que tu désires le plus au monde ?

— Moi ? Je ne pense pas que mes désirs soient très différents de ceux de n'importe quelle autre femme.

May tient son pinceau suspendu en l'air. Elle semble brûler d'envie de dire quelque chose, puis reporte son regard sur sa toile. J'ajoute alors :

— Je me serais mariée, par exemple, si j'en avais eu l'occasion. Ce n'est pas pour autant que j'aurais employé à ce propos le terme d'ambition.

— Tu aurais voulu te marier, Lyddy ?

— Évidemment. Si j'avais pu épouser un homme que j'aimais.

Je tourne les yeux vers May. Elle me fixe de l'air d'attendre une précision.

Lydia fcisant du crochet dans le jardin, The Metropolitan Museum of Art, donation de Mrs. Gardner Cassatt 1965. (65.184). Photograph © 1993 The Metropolitan Museum of Art.

— Mais je me souviens que l'année où j'ai commencé à faire mes études de beaux-arts à Philadelphie, quelqu'un t'avait demandée en mariage, non ?

— Qui donc ?

Je la regarde, interloquée, pensant à Thomas Houghton (*dans le jardin, au crépuscule, derrière notre maison de West Chester, son visage luisant dans l'obscurité. « Lyddy ! » j'avais entendu quelqu'un appeler de l'intérieur de la maison. Je l'avais regardé, et l'air entre nous semblait être devenu suave et lourd. « Lyddy ! »*).

— Cet étudiant de Harvard à la tignasse frisée. Tu n'as pas pu l'oublier, Lyddy, il a tourné autour de toi pendant des mois !

— Oh !

Je me mets à rire.

— Tu veux parler de Joshua Winthrop.

— Il se préparait à devenir pasteur.

— C'est ça. Ah, mon Dieu, non, jamais je n'aurais pu l'épouser ! Ce pauvre vieux Joshua, avec ses dents de travers et son sourire pétri de sérieux. En guise de cour, il me servait des citations moralisatrices.

— Et comment, d'après toi, un homme devrait-il te faire la cour ?

— Oh, May !

— C'est toi qui as mis le sujet sur le tapis, Lyddy. J'avais sept ans de moins que toi, tu le sais, et j'étais très curieuse de tout ce qui te concernait. Tu étais si secrète ! Tu ne me mettais jamais au courant de rien.

— Je ne crois pas que j'avais la moindre révélation à faire.

— Oh, je ne sais pas, Lyd. J'aurais pensé tout le contraire !

— Arrête !

— Et qu'en était-il de l'autre jeune homme, comment s'appelait-il déjà ? Ce jeune homme de Virginie, qui montait si bien à cheval ? Je me souviens qu'il était très séduisant.

— Tu as une mémoire d'éléphant, May, tu n'oublies rien ! Tu veux parler de William, William Dabney.

— Oui. C'était un des amis d'Aleck. Un soir, tu es restée un bon moment avec lui au salon.

— C'est vrai, et toute la famille allait et venait autour de nous, pour ne rien dire de Nora qui boitillait à cause de sa patte de derrière et venait fourrer son museau entre ses genoux ! *Calme, William était calme, et timide, encore que, à chaque fois que je levais les yeux pendant que j'étais occupée à faire quelque chose — à étriller un cheval, à enfiler mes vieilles bottes — je le surprenais en train de me regarder.* Il était beaucoup trop timide, May. Il lui aurait fallu cinq ans pour entamer une vraie conversation. Et, de toute façon, j'avais alors l'esprit occupé par quelqu'un d'autre.

— Était-ce Thomas ?

Je suis étonnée de la façon dont ma gorge se serre, tout d'un coup. Je suis dans l'incapacité de parler. Le fil bleu tremblote devant mes yeux.

— Je me souviens d'un été en particulier, ajoute May. Je pouvais regarder n'importe où, tu étais toujours avec lui.

— Oui. *Sa main effleurant mon bras, mon épaule, sa voix qui susurrait : « Lyddy. »*

— *Et ?*

— *Et ?*

— Que s'est-il passé ?

Je hausse les épaules.

— C'était il y a si longtemps, May. Je ne suis même pas sûre de pouvoir me souvenir de ce qui s'est passé. *L'air est suave et lourd, des fils sont jetés entre nous et forment un filet à mailles serrées dans lequel nous nous trouvons pris.*

— Vous étiez fiancés, non ?

— Fiancés. *Oui. Nous faufilant un soir dans le jardin, à West Chester, après avoir passé la journée à nager, nous nous étions étreints pour la première fois, fougueusement, goulûment, dans la moiteur estivale, l'herbe grasse et odorante, avec en bruit de fond les aboiements de Nora qui nous parvenaient de la pelouse en façade, et les voix des enfants qui nous appelaient : « Lyddy ! Thomas ! »*

Mes doigts sont engourdis, et ma nuque est douloureuse. Je commence à avoir des nausées, mais je réclame à mon mal un sursis. Comment se peut-il que je ne sois plus la jeune femme dans le jardin, désireuse d'être regardée, et touchée, mon envie en phase avec celle de quelqu'un d'autre ?

En cette journée d'août, Degas s'attardait derrière le fauteuil de May tandis qu'elle croquait Elsie. Sa main se posa sur sa nuque. Il lui caressa le cou un moment, et elle se blottit contre lui.

J'écoute le bruit que fait le vieux Joseph en poussant la brouette. Les asters sont maintenant en fleur. Il a passé la matinée à sarcler, à arracher les plantes annuelles qui poussaient anarchiquement, à tailler les longues feuilles pointues des iris. Je lui ai demandé si je pouvais l'aider à planter les bulbes, et il a accepté.

J'ai fait part à May de mon souhait d'installer un petit jardin sur notre balcon parisien, au printemps prochain, parce que je ne me sens pas capable de patienter jusqu'en été.

— Oh, Lyddy, m'a-t-elle répondu, tu sais bien que l'été ne tardera pas à être au rendez-vous !

— Lyddy ?

— Oui ?

— À quoi penses-tu ?

— Oh, je pensais tout bonnement au travail de jardinage.

— De jardinage ?

— C'est incroyable ce qu'un jardin peut vous apprendre à comprendre chacune des saisons !

— À l'exception de l'hiver, j'imagine, quand la neige recouvre tout.

— May, tu te souviens des perce-neige qui parvenaient à pointer hors de la neige, près des marches du perron, à Hardwick ?

C'est comme un rêve que j'aurais fait, en cet après-midi d'août, ici, à Marly. Alors que je marchais dans le jardin, après le déjeuner, j'ai vu en chemin quelque chose dont le sens a commencé par m'échapper. Deux silhouettes, un homme vêtu d'un pantalon de couleur sombre et d'une chemise blanche, avec des bretelles bleues, et une femme portant une robe jaune, qui s'étreignaient. Le monde alentour donnait l'impression de s'incliner vers eux, et de ralentir son rythme : l'allée, le feuillage, les rosiers grimpant à l'assaut de la tonnelle.

ii.

Les gestes de May se sont accélérés, son pinceau faisant des navettes entre sa palette et la toile, et je réfrène ma forte envie de bouger. Après tout, poser revient à consentir à se laisser d'une certaine manière ensorceler.

J'entends les aboiements de Batty, d'abord assourdis par les arbres, puis devenant plus sonores. Voici Vivi qui arrive en courant le long de l'*allée*, Batty grattant la terre et aboyant : *tin, tin, tin !*

— Tu peux souffler, Lyddy.

J'abandonne lentement ma pose, pour voir Vivi arriver à fond de train, surexcitée, le visage empourpré. May se baisse pour prendre dans ses bras son petit chien.

— Alors, monsieur, lui dit-elle en lui caressant la tête tandis qu'il bat du flanc, quelles sortes d'aventures as-tu vécues avec Vivi ?

Les yeux de Batty brillent tandis qu'il lui lèche les mains.

— Il a aboyé après un écureuil, *mademoiselle*, et il a failli tomber dans le ruisseau.

May se met à rire.

— Ce pauvre vieux Batty !

Elle s'étire.

— Veux-tu que nous arrêtions, Lyddy ? Il est presque une heure. Père doit être impatient de déjeuner, et ta sœur doit t'attendre, Vivi.

Je me lève, m'efforçant de ne pas chanceler sous l'effet de mon mal de dos.

— Quand donc Elsie reviendra-t-elle à Marly, *mademoiselle* ? demande Vivi en me prenant la main.

— Oh, bientôt. Dans un an peut-être, dis-je.

— Un an ! Je serai alors beaucoup plus vieille ! Vous croyez qu'elle me reconnaîtra ?

— *Bien sûr !* Elle te reconnaîtra au premier coup d'œil.

Mon dos me fait mal, mais je respire à fond, et je sens la main de Vivi dans la mienne, ses doigts minces et brûlants. Vivi saute à cloche-pied à mes côtés, et nous suivons lentement May et Batty jusqu'à la maison.

iii.

Au cours du déjeuner, je ne me sens pas bien. Mère regarde mon assiette vide puis pose les yeux sur moi.

— Tu vas bien Lydia ?

— Oui, je pense.

— Prends un peu de ces délicieuses *rillettes*, dit Père en me les présentant.

— Non, merci.

May me propose du pain, acheté le matin par la sœur aînée de Vivi, et j'en détache un morceau. J'aime son contact, son grain, et sa croûte dorée saupoudrée de farine.

Mère pousse un soupir. « C'est bien calme sans les enfants », dit-elle. Une phrase qu'elle répète à chaque repas depuis que les enfants sont partis. May et moi échangeons un regard complice.

— C'est la journée idéale pour louer un bateau, fait Père. Superbe et chaude. Les enfants étaient ravis le jour où nous avons loué le canot à rames, sur l'étang de Louveciennes, n'est-ce pas, Kate ?

Les enfants y étaient montés à tour de rôle ce jour-là. Eddie et Robbie avaient fait la première promenade en compagnie d'Aleck tandis que May, Père et moi, restés au bord de l'étang, aidions les filles à nourrir les gros canards, les oies ainsi que deux cygnes. Lorsque Aleck eut ramené le canot, May emmena Elsie et Sister jusqu'au centre de l'étang. Je crois voir encore leurs chapeaux de paille à larges bords, et le spectacle qu'ils offraient. La lumière était cristalline ce jour-là, et l'étang était d'un bleu de lapis-lazuli. Je m'étais assise sur un banc, sous le saule, et, avec Aleck et les garçons, nous avions joué aux devinettes tandis que Père lisait le journal et que Mère somnolait.

Aleck est devenu plus guindé, plus cérémonieux. D'avoir épousé Lois ne l'a pas arrangé. Pauvre vieille Lois, sans imagination, lestée de ses traditions aristocratiques américaines ! Le malheureux Aleck est à plaindre, lui aussi : le voilà, à n'en pas douter, prisonnier de ce petit monde suffisant et collet-monté. Mais, jour après jour, et particulièrement quand Lois était restée à Paris et que nous l'avions eu pour nous seuls à la campagne, il avait donné l'impression de rajeunir et de devenir plus léger. Lors de cette excursion au bord de l'étang, il avait enlevé ses chaussures et ses chaussettes et s'était mis à barboter, de la même façon que nous barbotions dans des étangs aux États-Unis, à la recherche de têtards. J'ai eu de bonnes conversations avec lui, à l'heure du café matinal, et quelquefois le soir, en marchant dans le jardin. Qu'il ne soit plus là me donne l'impression d'avoir perdu une partie de mon corps : une côte, un poumon.

— Je crois que je vais aller à pied jusque chez Berthe Morisot, annonce May. Demain ou après-demain.

— Comment va sa fille ? demande Mère.

— À merveille, me semble-t-il.

— Elle doit avoir deux ans maintenant…

— Presque. On fêtera son anniversaire cet automne.

— Elle est en bonne santé ?

— En excellente santé.

— Nous devrions faire un édredon pour cette petite, n'est-ce pas, Lyddy ? Nous avons le tissu qu'il faut, à prélever sur les deux robes que tu ne portes plus. Il s'en est fallu de peu que je les donne.

Je hoche la tête. Je me tiens les côtes, avec l'espoir que mon malaise passera.

— Mme Manet a beaucoup de chance, dit Mère. Et sa fille a de la chance de vivre à la campagne, surtout pendant l'été.

— Les enfants qui vivent à la campagne sont toujours les plus sains, dit Père.

Je demande à May si Berthe s'est remise à peindre.

— Elle m'a écrit qu'elle avait peint l'enfant et sa nounou.

Mère donne l'impression de vouloir dire quelque chose à May. Je n'ai aucune peine à deviner ce que c'est, et je sais qu'elle ne peut plus aborder directement le sujet avec ma sœur, surtout depuis que le contexte a changé, avec Degas si souvent à proximité. Elle avait l'habitude de la pousser à songer au mariage, à se mettre dans une situation telle que le mariage puisse devenir envisageable pour elle, et May lui répondait toujours avec désinvolture : « Je suis une artiste. Je suis indépendante. C'est le seul moyen pour une femme d'en être une. » « Ça ne t'obligerait pas à renoncer à ton art », rétorquait Mère d'un ton irrité. Mais c'est qu'elle ne considérait pas la carrière de peintre de May comme quelque chose de réel, quelque chose de sérieux. Aujourd'hui encore, il lui est difficile d'admettre que May ait pu faire ce genre de choix.

Mère continue malgré tout de nourrir des espoirs. Je sais qu'elle aimerait beaucoup voir May nager dans l'opulence comme Berthe Morisot — Mme Manet —, mariée à un homme fortuné, pourvu de relations précieuses. Lois a fait elle aussi ce genre de mariage : Aleck est devenu si riche !

Père est lui aussi, bien entendu, de cet avis, quoique, depuis l'Exposition des Impressionnistes du printemps dernier, quand May avait si bien vendu ses œuvres en dépit des critiques, il semble commencer à lâcher prise. Je l'imagine posté sur une plage et regardant s'éloigner un bateau (« Le mariage de ma benjamine »), tout comme mon propre bateau avait pris le large, et puis retourner à ses préoccupations professionnelles. Il la considère, et cela de plus en plus, avec quelque chose qui n'est rien d'autre que de l'admiration, celle-là même qu'il éprouverait pour un de ses amis qui aurait fait fortune dans la construction de réseaux de chemins de fer, ou encore à la Bourse.

— Je ne vois pas comment Mme Manet pourrait peindre beaucoup, avec un si petit enfant dans les jambes, dit-il.

Mère s'assied bien droite.

— Elle dispose d'une nounou, après tout. Et elle n'a que ce seul enfant.

— Même avec une nounou, un enfant représente un casse-tête, tu le sais bien, Kate. Mme Manet n'a sûrement pas la possibilité de travailler autant que May.

Mère prend un air indigné.

— Je ne cherchais pas à insinuer qu'elle travaille autant. Je disais simplement qu'elle a énormément de chance d'avoir tout à la fois une famille et sa peinture.

May pousse un soupir.

— Qu'elle ait de la chance, il n'y a aucun doute là-dessus.

Puis elle ajoute d'un ton acéré :

— On pourrait dire que May Alcott a eu, elle aussi, de la chance.

Mère paraît chagrinée. Elle aimait bien May Alcott, et je l'aimais bien, moi aussi. *« C'est pour toi, Lydia, m'avait-elle dit en me tendant un petit carnet de croquis. Il y a là des croquis de toi et de May. J'ai pensé que tu aimerais le garder. » Son visage est un paysage d'hiver désolé, d'une morne blancheur, balayé d'ombres.* Je ne vois pas pourquoi May éprouve le besoin d'évoquer si souvent sa disparition, et avec une telle amertume.

— Attendre un enfant comporte toujours un risque, dit Mère, l'air soudain fatigué.

— C'est bien vrai.

May secoue la tête.

— Elle était en passe de devenir un excellent peintre, et puis voilà qu'elle s'est mariée, et voyez un peu ce qui est arrivé.

Je jette un rapide coup d'œil sur le visage de May, à la fois buté et exprimant une vive contrariété, et je pense au bonheur que May Alcott et son mari partagèrent dans leur maison de Meudon. Lulu, son bébé, vit aujourd'hui aux États-Unis, auprès de sa tante Louisa, l'écrivain.

— Tu as raison, May, approuve Mère. C'est effectivement ce qui est arrivé. Mais regarde quelqu'un comme moi. J'ai mis au monde cinq enfants en bonne santé, et la vieille dame que je suis devenue est encore là, pourvue de petits-enfants en bonne santé.

Cinq enfants en bonne santé, me dis-je, *mais l'un d'eux est mort depuis plus de vingt ans, et un autre* (je pose le pain dans mon assiette) *n'est plus aujourd'hui en bonne santé, et que dire des deux autres qui n'ont pas survécu plus d'un jour, ou un mois ?*

— Il faut tout de même reconnaître que tu n'as jamais eu, Kate, le genre d'ambition qui anime May, commente Père.

— J'avais mes propres ambitions, ne t'en déplaise !

— Évidemment que tu en avais, rectifie-t-il, pris de scrupules. Avant d'ajouter : Et tu as été un modèle pour tes enfants.

Mère lui jette un regard furtif.

— Ça, ce n'est pas à moi d'en juger. Je pense simplement… C'est simplement que d'avoir une famille et des enfants est une chose naturelle, et bénéfique. C'est une œuvre en soi.

Sa main virevolte au-dessus de son assiette. Elle touche tour à tour sa cuiller, sa serviette de toile blanche, les asters dans le vase.

Mal à l'aise, je change de position sur ma chaise. Père hausse les épaules et pousse un profond soupir, May joue avec sa salade, puis laisse bruyamment tomber sa fourchette dans l'assiette. Nous observons tous un silence religieux jusqu'au moment où Hélène vient enlever les assiettes et apporter le fromage et les fruits que nous avons pour dessert.

iv.

Ce même après-midi, alors que je suis allongée dans mon lit après le déjeuner, la douleur est légère, comparée à celle que j'ai pu éprouver au cours du printemps ou à d'autres moments, mais je suis terriblement consciente de la maladie qui me ronge.

Je regarde les livres entassés sur la table. Ce sont principalement des recueils de poèmes, mes lectures du moment, avec une prédilection pour ceux de Stéphane Mallarmé, l'ami de May, mais ma tête me fait mal. Je ne me vois pas en train de déchiffrer les mots. Rien qu'à cette pensée, j'éprouve des nausées.

v.

Deux silhouettes, si proches l'une de l'autre que je ne parviens pas à les distinguer. Une bête étrange et fabuleuse tout habillée et mue par la passion. Les contours des êtres peuvent-ils s'évanouir ? C'est la question que je me pose, déconcertée, tandis que le temps semble suspendu.

vi.

May passe la tête par la porte et me lance un regard sombre.

— Lyd ?

Je m'efforce de sourire.

— Oui, May.

Elle entre et vient s'asseoir sur mon lit, tout près de moi, puis elle me saisit la main. La voilà qui me malaxe les doigts, donnant l'impression de vouloir les façonner, comme de l'argile.

— Tu te sens bien ?

— Oui.

— Ce ne serait pas quelque chose que tu as mangé ? Maman se fait du souci à cause des *rillettes*.

— Je n'ai pas touché aux *rillettes*.

— Tu étais en si grande forme !

Elle marque une pause.

— N'est-ce pas ?

— Oui, on peut le dire. J'étais en forme.

— Je sais que tu as eu du mal à trouver le sommeil.

— May.

Je lui parle lentement et avec douceur.

— Tu connais le diagnostic.

Elle paraît s'impatienter.

— Quoi qu'il en soit, tu étais bien, tu souffrais seulement parfois de légères insomnies, et puis…

Elle scrute mon visage.

— Je sais que les médecins ne sont pas tout-puissants. Mais ils ne sont pas totalement ignorants.

May tord sa bouche exactement comme Mère le fait. Un spectacle que je trouverais comique si, en ce moment précis, je ne me sentais pas désolée, à la fois pour elle et pour moi. Je m'imagine brièvement l'univers où évoluera May quand je ne serai plus là. Je ne me sens pas toujours indispensable — dans le grand ordonnancement des choses, je me sens même tout à fait superflue — mais le tableau devient différent quand on le regarde à travers les yeux de quelqu'un d'autre. Je crois voir May debout bien droite face à sa toile, tenant sa palette et son pinceau et fixant… le vide.

Et, sitôt que j'imagine cela, une autre image surgit devant moi : *à ma place se trouve une autre, vêtue d'une robe que j'aurais pu porter moi-même. Batty se tient sur ses genoux, ou bien encore elle a un crochet à la main, et du fil bleu. Elle est en train de lire, ou bien elle a une tasse à la main.*

La réticence de May à aborder le problème du mal dont je souffre commence à me désespérer encore plus que le diagnostic prononcé à son sujet. J'ai parfois le sentiment d'être à bord d'un canot à rames, abandonnée à moi-même. C'est après tout sans importance, tant qu'il m'est possible d'apercevoir la terre ferme et des maisons, ainsi que ma sœur et d'autres humains en train de marcher sur le rivage. Mais me retrouver sans lien avec ce rivage, n'avoir que les oiseaux marins, le soleil impersonnel et les vagues chargées de sel pour témoins de l'aventure vécue par mon embarcation, c'est plus que je ne pourrais supporter.

— Promets-moi que tu resteras en bonne santé, Lyd.

Je lui réponds avec amertume, jetant ces mots à sa figure :

— Comment veux-tu que je promette ce qui ne dépend pas de moi ?

vii.

La femme tourne la tête, et je vois le visage de May — mais comment son visage a-t-il pu parvenir jusqu'ici, sous cette tonnelle ? J'ai le sentiment d'avoir été prise au piège dans une peinture, ou alors cette peinture m'a été jetée au visage, et je dois garder les yeux ouverts pour voir.

viii.

Au bout de deux jours, mon mal reflue, et je suis à nouveau en mesure de poser pour May dans le jardin, en crochetant. Le lendemain, à midi, elle lève les yeux et dit d'un ton satisfait : « *C'est fini.* »

Je me suis retenue de regarder la peinture cette fois, je ne sais trop pourquoi. Ce fauteuil dans l'allée me manquera, de même que me manqueront le jardin qui m'entoure, le soleil et le bourdonnement des insectes. Bientôt, ces matinées passées dans le jardin à Marly se seront envolées, tout comme se sont déjà envolées toutes les matinées et les après-midi de l'été, ne laissant dans ma mémoire que des images. Nous retournerons à Paris, retrouver d'autres personnes et une autre existence, plus remplie et plus bousculée, et May sortira sans cesse en coup de vent pour aller ici et là, voir des amis ou visiter une galerie.

— Ça te plaît, Lyddy ?

Je regarde. May a représenté une scène paisible : une femme dans un jardin, coiffée d'un bonnet de dentelle et vêtue d'une robe bleue bordée de broderies aux couleurs vives. Derrière elle, une rangée de plantes rouge foncé conduit, le long de l'allée, jusqu'aux fenêtres de couleur sombre de la villa. Mais qu'est-ce donc que cette double bande rouge qu'elle a sur les genoux ? Ah, c'est la ceinture de ma robe. Elle me fait tressaillir.

— Lyddy ?

— Oui, ça me plaît. Ça me plaît vraiment.

May attend. Je regarde avec attention le visage de cette femme.

— Les traits du visage donnent l'impression d'être en train de se dissoudre.

— Et ça te plaît ?

Je m'efforce de sourire.

— Oh, May, c'est superbe. Oui. Je trouve surprenants ces traits, ses yeux, sa bouche, la façon dont tout cela est réel et en même temps…

Je sens que May est tout oreilles.

— C'est un peu comme si tu avais montré comme tout cela est précaire.

— Tout cela ?

Je suis embarrassée. Je lève les bras en l'air.

— Ce jardin, l'été…

May scrute mon visage, puis regarde la toile.

J'y vois autre chose, mais il m'est difficile d'en parler à May. *C'est la maladie qu'elle a mise à nu.* Je fixe les cernes autour des yeux de la femme *(mes yeux)*, la couleur assourdie de sa bouche *(ma bouche)*, les lèvres affaissées. J'entrevois la façon dont elle apparaît *(dont j'apparais)* à May, et qui doit être le reflet non pas de ce qu'elle admet ouvertement, mais de ce qu'elle sait.

— Tu aimes la qualité de la lumière dans cette peinture ?

— La lumière est très belle.

— Et ses mains ?

— Oui, ses mains sont bien rendues. J'ajoute : C'est une peinture méditative.

— Méditative ?

Tout en fixant sa toile, elle se rapproche de moi, comme pour la voir à travers mes yeux.

— *Oui.* Elle est absorbée par son crochet, mais il y a autre chose et plus que cela. On dirait qu'elle regarde à l'intérieur d'elle-même. J'imagine que ce sont ses yeux qui produisent cette impression.

Brûlante et humide, la joue de May effleure la mienne, *tout comme par une chaude journée d'été en Pennsylvanie, alors qu'elle est toute petite, et que je la porte pour l'emmener quelque part. Elle s'accroche à moi, et son visage brûlant et humide est collé contre le mien.*

May passe les bras autour de mes épaules et pose un gros baiser sur ma joue.

— Bien sûr qu'elle est méditative. C'est aussi un portrait, tu sais.

— Je ne suis pas aussi méditative

— Tu es une contemplative, Lyddy. Je le sais depuis toujours. Si tu étais catholique — Dieu t'en garde ! — tu serais dans un couvent.

Je secoue la tête tout en imaginant avec volupté un jardin de cloître comme celui où nous sommes entrés dans la vieille abbaye au sud de Paris, avec sa galerie à voûtes et son calme empli de quelque chose… que j'appellerais Dieu si j'étais une religieuse.

ix.

Et puis, mon Dieu, quel usage ferai-je de cette autre image s'invitant dans ma vie au cours d'un moment d'hébétude, au milieu d'un après-midi d'été, dans notre jardin de Marly ? La femme qui m'apparaît, c'est May : je vois son visage, sa robe jaune. Les deux personnages constituent un tableau que personne ne peindra, ou ne verra, et qui n'en est pas moins encadré, dans un ton du même vert que celui de la tonnelle, et accroché aux murs de ma mémoire. Je le revendique pour moi seule.

x.

Tandis que May entreprend de ranger ses pinceaux, je jette encore un coup d'œil sur la peinture.

Les feuilles rouge sang conduisent vers les fenêtres de couleur sombre, le rouge *(le sang qui traverse le cœur)* sur ma robe : une ceinture, une entaille. Comment May peut-elle peindre des choses aussi ténébreuses ?

Peut-être est-ce à cause de notre conversation autour des couvents, mais le fait est que j'aspire à recevoir un signe du Ciel au sujet d'une vie future qui tiendrait plus longtemps que des fenêtres ne laissant plus passer la lumière. Pourquoi seuls les catholiques auraient-ils le droit de recevoir pareils signes, comme cette fille qui a eu des visions à Lourdes ? Je me sentirais comblée par le spectacle d'une simple colombe, suivant avec prudence son itinéraire à travers le ciel. Face à ce vœu que je formule, mon propre univers m'apparaît tout d'un coup dépouillé, stoïcien et pour tout dire protestant.

xi.

Tandis que les ombres virent au bleu autour de nous, et alors que Degas a déjà pris le train, je lui demande : « Tu l'aimes ? » Nous sommes en août et il continue de faire très chaud. Manié avec vivacité, un aviron se profile sur la rivière, sa pale n'arrêtant pas de fendre l'eau. « Ah, mon Dieu ! » Je la vois qui se contente de hausser les épaules et d'agiter les bras. Je répète ma question : « Tu l'aimes ? » Elle serre les coudes, regarde l'eau, puis se rapproche de moi.

— Il m'obsède.

— Tu as l'intention de l'épouser ?

Elle se met à rire, et je crois d'abord qu'elle se moque de moi, mais la voilà qui me répond d'un ton féroce :

— Je ne peux évidemment pas l'épouser, Lyddy. Toi, au moins, tu devrais le savoir. Comment le pour-

rais-je ? Il anéantirait ma peinture, il m'anéantirait moi-même. Je n'aurais pas le moyen de m'en tirer.

Je lui demande d'un ton anxieux :

— Mais alors, bon Dieu, qu'est-ce que tu as en tête ?

— Je suis incapable de dire ce que j'ai en tête, Lyddy, mais je ne peux pas supporter l'idée de ne jamais pouvoir m'offrir cela. Nous ne sommes pas à Philadelphie. Faut-il que je vive privée de sentiments, comme… ?

Elle a bien failli dire « comme toi », et j'ai l'impression que ses mots me balafrent le visage.

— Je ne te demande pas de vivre privée de sentiments, May…

Sitôt ma phrase commencée, je suis consciente de l'image que doit lui offrir ma propre vie : celle d'un désert aride, sous un soleil brûlant.

Elle a passé son bras autour de son cou, son visage est radieux.

— Et puis, Lyddy… Tu dois essayer de comprendre.

xii.

Tandis que je me tiens dans l'allée, sous le soleil, à regarder la peinture de May, je tremble presque de chagrin et de colère. Je ne veux renoncer à rien de tout cela : pas plus à la joue de May qu'à cette lumière et à la possibilité d'aimer. De quel droit exigerait-on pareille chose de moi ? Je commence tout juste à comprendre ce que c'est que de vivre. Et, face à moi, voici May en pleine possession de ses moyens, remportant du succès, en bonne santé, faisant preuve d'une téméraire indépendance. Et cette situation est promise à se perpétuer pour elle des années durant, alors que je ne serai plus là. Elle montera son cheval au bois de Boulogne, elle peindra, fera le tour des galeries, se rendra à l'Opéra et à Versailles et, en été, elle reviendra à Marly ou bien elle ira au bord de la Méditerranée où elle sentira souffler la brise et regardera l'eau changer de couleur tout au long d'une journée, tout au long d'une semaine, et elle aura ses amis, et même plus que des amis, car après Degas, il se pourrait qu'elle en aime un autre, et l'étreigne dans un autre jardin, et même si je dois rester une pensée propre à hanter son esprit, quelque chose comme un motif de tristesse, elle n'en aura pas moins sa part de bonheur. Ses jours étincellent, ronds et intacts comme des pièces d'or dans un énorme pot rempli presque à ras bord, son unique préoccupation étant de trouver comment les dépenser.

May passe le bras autour du mien, et nous nous dirigeons côte à côte vers la villa, et mon cœur est comme du sable brûlant. May porte la boîte où sont rangés ses pinceaux et ses couleurs, et je porte mon crochet et le châle bleu de Corabella, tout d'un coup étrangement lourd pour une aussi petite chose.

Je dois vivre ma vie, comme elle me vient, Lyddy, je ne peux pas attendre indéfiniment. Tu ne peux pas comprendre.

Je crois pourtant que je comprends, me dis-je. Oui, je comprends.

IV. *En voiture*

je me retrouve ensuite dans un jardin de l'abbaye, et j'aperçois May occupée à peindre une femme vêtue d'une robe jaune, et je l'appelle, mais elle ne m'entend pas,

Paris, mai 1881.

i.

— Mais je ne peux pas croire qu'elle ait consenti à le vendre.

Mère me regarde avec stupéfaction. Elle est venue dans ma chambre, après le petit déjeuner. Je viens tout juste de commencer la lecture de *L'Américain*, le roman de Henry James, et je le lâche à contrecœur.

— Que veux-tu, il s'agit d'art, après tout ! Et d'une belle peinture !

C'est la vingtième fois que Mère aborde avec moi ce sujet, depuis que Moïse Dreyfus a acheté l'une des toiles où May a représenté des membres de sa famille : celle qui montre Mère en train de lire des contes de fées à Elsie, Sister et Robbie, l'été dernier à Marly. En la regardant, notre maisonnée a été en proie à une tornade d'émotions, comme un poulailler où aurait fait irruption un renard. Les plumes ont volé dans toutes les directions. On pourrait considérer, dans un sens plus large, que le récent succès remporté par May figure le renard, à moins que ce ne soit May elle-même. La VIe Exposition des Impressionnistes, qui s'est ouverte en avril boulevard des Capucines, a été un triomphe, en particulier pour May et Edgar Degas. Elle a eu d'excellentes critiques et des propositions d'achat pour les onze toiles qu'elle avait accrochées. Les gens disent qu'elle n'aura jamais de souci à se faire pour écouler sa production, et qu'elle peut être également sûre de la vendre au meilleur prix.

— Rien que du bla-bla, répète quotidiennement May à propos des éloges et de la considération dont elle est l'objet, mais je sais qu'elle est ravie, et même mieux que ravie. Elle savoure sa victoire.

— Je veux bien, mais, Lydia, comment a-t-elle pu vendre sa propre mère, ses nièces et ses neveux ?

— Ce n'est pas toi qu'elle a vendue ! Elle a vendu une peinture qui te représente ! J'espère qu'il y a une différence…

— C'est une peinture qui me représente en compagnie de mes petits-enfants. Comment a-t-elle pu envisager un seul instant de gagner de l'argent avec et de la céder à quelqu'un d'étranger à la famille ?

Je pousse un soupir. Comment, en effet ?

— Au moins ne va-t-elle pas vendre tes trois portraits, Lydia.

Je me les remémore : il y a celui où je tiens à la main la tasse de thé, celui peint dans le jardin de Marly, et un autre encore où j'apparais de profil sur un banc vert du bois de Boulogne, dans un manteau aux chatoyantes couleurs automnales, coiffée de mon bonnet noir garni de rouge. J'ai les lèvres serrées et une expression grave dans celui-là, pour lequel May m'a demandé de regarder au loin.

— Eh bien, elle ne va pas les vendre, pour l'instant du moins, dis-je.

— Comment peux-tu prétendre une chose pareille ? Il est certain qu'elle ne s'en séparera jamais !

— Mais l'art n'est pas uniquement destiné aux membres de la famille de l'artiste. Il s'adresse aussi aux autres.

— Oui, et je voudrais que les autres rendent hommage à son talent. Mais elle doit aussi tenir compte de nos souhaits. Un portrait de sa mère doit rester dans sa famille.

— Je suis d'accord avec toi. Je voudrais que May soit d'accord, elle aussi. Mais elle a son propre point de vue. C'est une artiste. Elle souhaite que son travail soit montré sur la place publique.

— Mais il s'agit d'une trahison, Lyddy ! Ça ne t'aura sûrement pas échappé. Elle me trahit, elle te trahit, elle nous trahit tous en mettant de cette façon nos portraits sur le marché. Qui aura ces peintures à cœur autant que les membres de la famille de May ?

Dans sa peinture de Mère et des enfants, May les montre comme enveloppés dans la splendeur d'un après-midi et la magie d'un conte de fées. Je suis bien obligée d'être d'accord : il est difficile de concevoir que cette petite communauté puisse désormais orner un mur de la maison de Moïse Dreyfus, que ce ne soit qu'un tableau de plus dans sa collection. Je n'avais pas mesuré l'étendue de l'ambition de May.

Je me rends compte aujourd'hui, en outre, de la contribution que j'ai moi-même apportée à son succès. Les peintures où elle m'a représentée ont suscité des offres d'achat à des prix particulièrement élevés, tout autant que des éloges dithyrambiques. Quand les gens pensent à son art aujourd'hui, c'est à moi qu'ils pensent, alors qu'ils ne savent absolument pas qui je suis.

ii.

May est à la maison ce matin, un dimanche matin. Avec Père et Mère, nous nous sommes occupés de préparer notre installation, dans quelques semaines, dans une maison de vacances à Louveciennes. Mon frère cadet, Gard, viendra y séjourner avec nous, et je suis follement impatiente de le revoir.

— J'ai une nouvelle idée pour toi, Lyddy, annonce May de façon hésitante, tandis qu'elle se verse une nouvelle tasse de café.

— Parle-m'en.

— Ce serait une peinture exécutée en plein air, dans le Bois. Avec des personnages dans une voiture.

Elle me regarde d'un air plein d'optimisme.

— Avec Bichette ?

May se met à rire.

— Avec Bichette, ça va de soi. La voiture a forcément besoin d'un cheval.

— Et il y aura quelqu'un dans la voiture ?

— Tu veux bien que ce soit toi, Lyddy ? Je pense à toi, faisant une promenade avec une petite fille, et Mathieu pourrait y avoir lui aussi sa place, dans le rôle du palefrenier.

J'essaie de me représenter la scène. J'ai eu l'occasion de voir des tableaux insolites d'Edgar

Degas, montrant des personnages de la bonne société, à proximité d'un champ de courses. May n'a pas peint souvent son cheval.

— Et qui serait l'enfant ? Tu disposes d'un modèle ?

May regarde l'intérieur de sa tasse.

— Je connais quelqu'un qui pourrait l'être.

— Qui est-ce ?

May me lance un regard furtif, cependant que son visage s'empourpre.

— Une jeune nièce d'Edgar. Odile. Odile Fèvre.

— Quel âge a-t-elle ?

— Je pense qu'elle a cinq ans. Il lui reste des rondeurs de bébé, et ses cheveux sont couleur miel.

— Sa mère est la sœur d'Edgar ?

— *Oui.* Marguerite.

— Je pensais que Mme Fèvre s'était expatriée en Amérique du Sud.

— À Buenos Aires. Elle et Henri s'y sont installés il y a deux ans. Elle est ici simplement en visite, avec ses enfants.

— Combien d'enfants a-t-elle ?

— Cinq. Odile est la benjamine.

— Et Odile viendra accompagnée de sa mère ?

— Je pense que oui.

Les joues de May deviennent carrément écarlates.

— Encore un peu de *café* ?

— Merci, oui.

Pendant qu'elle verse le café dans ma tasse, May scrute mon visage.

— Alors, tu poseras pour ce tableau, Lyddy ?

La tasse est brûlante entre mes mains. Je respire le parfum de son contenu tout en pensant à mon profond désir de poser à nouveau, en particulier avec cette petite fille. C'est un peu comme une faim qui me tenaillerait. J'ai pourtant été assez mal fichue ces jours-ci. Je commence par dire :

— Ma santé est plutôt chancelante…

May me coupe :

— Je sais, Lyddy, *mais…* elle marque une pause puis ajoute, le regard ailleurs : *J'ai besoin de toi.* J'ai besoin de toi. C'est aussi simple que ça. Tu es présente dans la toile que je projette de peindre. Comme dans la plupart des toiles que je peins ces temps-ci.

Je lance un rapide coup d'œil à May, sentant que mes yeux me piquent. Je suis surprise, et aussi émue, par ce sentiment de nécessité qu'elle éprouve. Je me rends compte tout d'un coup qu'elle doit se demander, comme je me le demande moi-même, combien de temps il me reste à vivre. Et je me rends compte simultanément que j'en viendrais à regretter chaque journée où je refuserais de poser pour elle. Refuser de poser s'apparenterait à une trahison. Je regarde attentivement le visage anxieux de May.

— Et si je suis malade pendant que tu essaies de me peindre ?

— Je trouverai une solution. Je suis pleine de ressources. Quoi qu'il en soit, n'envisageons pas le pire, Lyddy.

Je goûte le café, et lui ajoute un peu de lait, pensant à la difficulté que j'aurai à descendre nos cinq étages, au trajet devant nous conduire au Bois, aux longues heures de pose, puis, au retour, à l'ascension de l'escalier, marche après marche. Et je pense aussi au jour où je serai incapable de me lever de mon lit.

— *D'accord*, May.

— Nous pouvons commencer demain ?

— Demain. *Oui.*

iii.

Ce matin, Odile vient au Bois avec sa mère. May et moi attendons avec Mathieu dans un coin tranquille, en bordure d'une allée couverte de gravillons. À notre droite, il y a un bouquet d'arbres, et à notre gauche une grande pelouse qu'aucune barrière ne protège. Il nous suffirait d'un court trajet pour parvenir jusqu'au café, et au lac où des enfants jettent dans l'eau des morceaux de pain et font naviguer leurs bateaux. May et moi y allions souvent au cours des soirées d'été pour manger des glaces, en compagnie de Louie Elder et d'autres amis, de May Alcott également, si jolie et enjouée. Des rayons irisés filtraient à travers les arbres, au-dessus de la foule bruyante des promeneurs.

Mais le calme règne dans cette *allée*. Des hirondelles volent au ras de l'herbe, et j'ai repéré un faucon qui plane au-dessus de la prairie. Je me demande ce qu'il voit avec ses yeux perçants : une souris ? Un serpent ? Une famille de perdrix ?

Le soleil commence à chauffer et, quand je prends place dans la voiture, je me protège la tête de mon ombrelle en dentelle. May arpente nerveusement l'allée, mettant par moments ses mains en visière, cherchant du regard Mme Fèvre. Mathieu est debout au côté de Bichette, tenant les rênes, l'allure majestueuse dans la redingote que May a louée pour l'occasion, la tête surmontée d'un gibus de satin noir. Il a les oreilles décollées et son visage au teint clair est couvert de taches de rousseur.

Au bout d'un moment apparaît un fiacre attelé à deux chevaux. Son conducteur ralentit en s'approchant de nous et une dame en robe cerise en descend aussitôt, suivie par une petite fille. L'enfant est vêtue d'une robe rose et blanche à manches courtes, et coiffée d'un chapeau de paille noir. Ses cheveux bouclés couleur caramel cascadent sur son dos. May se précipite pour les saluer. Je la vois se pencher pour parler à la petite fille qui tient de sa main nue la main gantée de sa mère. Elles s'avancent toutes les deux dans ma direction.

iv.

Tandis que je pose dans la voiture à côté d'Odile, je me fais la réflexion qu'elle n'a pas une beauté commune, mais quelque chose qui indiquerait une vie intérieure. Elle me fait penser à Elsie, à cela près qu'Elsie ne resterait jamais immobile une heure entière. Je trouve quelque chose de touchant à la politesse de cette enfant.

May est en train de bavarder en français avec Marguerite.

— Pensez-vous passer tout l'été à Paris, *madame* ?

— J'espère pouvoir le faire, *mademoiselle.* Paris m'a manqué.

— Et Buenos Aires ? Cette ville vous plaît ?

Femme et enfant en voiture, Philadephia Museum of Art: The W. P. Wilstach Collection.

— Buenos Aires n'est pas comparable à d'autres villes. Elle est jolie, par endroits. Et Henri a trouvé à s'occuper pleinement, avec toutes les constructions en cours.

— Votre mari est architecte ?

— *Oui.*

— Et vos enfants, ils se plaisent là-bas, eux aussi ?

— Tu aimes notre maison à Buenos Aires, *ma petite* ? demande Marguerite à sa fille.

— *Oui, bien sûr, maman.* J'adore ma chambre, là-bas, et mon perroquet. J'adore aussi notre oranger.

Je lui demande, avec l'envie de tourner la tête pour la regarder :

— Tu as un oranger dans ton jardin ?

— *Oui, mademoiselle.* Mon perroquet se perche souvent dans l'oranger. Il dit *« Buenos dias »*, et il me réclame quand je ne suis pas là. Il ouvre grand son bec, et il crie : *« Odile ! Odile ! »* Il n'appelle pas mes sœurs, oh non, ça, vous pouvez en être sûre !

— Ne bouge pas, Odile ! Tu oublies que Mlle Cassatt est en train de te peindre !

— Ton perroquet parle espagnol ?

— *Oui, mademoiselle,* espagnol et français. Je vais lui apprendre à parler aussi anglais.

— Tu ferais mieux de commencer par apprendre à parler anglais toi-même, *ma chérie*, lui fait remarquer Marguerite en riant.

— Oncle Edgar va m'apprendre à parler anglais, et ensuite, je donnerai des leçons à mon perroquet.

— Je suis en train d'apprendre l'anglais tout seul, glapit Mathieu.

J'avais oublié sa présence dans notre dos, sur le siège arrière.

— Je compte aller un jour en Amérique, annonce-t-il.

— Et que ferez-vous donc en Amérique ? lui demande May.

— Je descendrai dans un hôtel de New York, et puis je traverserai le pays, jusqu'à San Francisco, *mademoiselle*.

— Je vois que vous avez tourné et retourné ce projet dans votre tête, commente May, et je devine qu'elle sourit.

Elle aime bien Mathieu.

— Et que ferez-vous à San Francisco ?

— Je contemplerai l'océan Pacifique.

— Et ça vous rendra heureux ?

— *Oui, mademoiselle*. Très heureux !

— Ah, veinard de Mathieu, de pouvoir nourrir un tel rêve !

V.

Je suis consciente de la chaleur qui règne, et consciente du fait que l'épaule d'Odile est tout contre mon bras. Mon bras me fait mal, et je tiens les rênes ainsi que le fouet. Je voudrais tant pouvoir enlever mon chapeau et mon foulard !

Cependant que je tiens la pose, je me demande ce que les gens pensent de nous, en passant dans leurs voitures, ou à cheval. Quand l'*allée* est déserte, je peux presque entretenir l'illusion que nous sommes à West Chester, ou dans notre magnifique ancienne maison de campagne, à Hardwick. En regardant du coin de l'œil la pelouse, je peux imaginer que c'est la première prairie derrière la maison, celle où Aleck et moi montions à cheval. Le *Bois*, de son côté, serait alors l'équivalent de la forêt en bordure des pâturages, sombre et engageante, où, quand nous jouions aux Indiens, nous nous rendions en mission d'exploration.

Des nuages font leur apparition dans le ciel, d'abord de simples nuages blancs, suivis par d'autres teintés de gris.

— J'espère qu'il ne va pas se mettre à pleuvoir, dit May.

Lorsque le ciel se couvre entièrement et que le soleil disparaît, l'atmosphère commence à avoir une consistance cotonneuse, devenant épaisse et lourde. May s'efforce de nous engager tous dans une même conversation, mais sa voix semble étrangement lointaine, et je suis fatiguée. Odile est à présent aussi calme que l'eau d'un étang.

Odile change légèrement de position sur le siège, et pousse un soupir.

— Tu ne dois pas bouger, Odile, lui dit sa mère.

En entendant Batty aboyer après quelque chose (*tin tin tin*), l'enfant sursaute et, du coin de l'œil, je peux voir qu'elle a tourné la tête pour le regarder. Elle dit alors, d'une petite voix, que sa tête la démange.

— Dans ce cas, occupe-toi de ta tête, mais *vite, vite* ! lui enjoint sa mère. Mlle Cassatt est en train de peindre un tableau important.

— Je peux le regarder, *mademoiselle* ? demande Odile.

Je devine qu'elle a enlevé son chapeau pour se gratter la tête.

— Tu pourras le regarder *bientôt*, lui répond May.

Les nuages masquent complètement le soleil et les arbres se courbent sous l'effet d'une brise qui a tout d'un coup fraîchi. Je frissonne, alors même que je porte une robe au tissu épais, une veste, mon bonnet gansé de fourrure et des gants qui me couvrent les bras.

— Cette enfant a peut-être froid, May, dis-je.

— J'en ai presque terminé pour ce matin, répond May. Puis elle ajoute : Tu as froid, Odile ?

— *Oui, mademoiselle, un peu.*

— Eh bien, nous allons continuer pendant un tout petit moment, et puis, tu pourras courir après Batty. Tu aimes les chiens ?

— *Oui, mademoiselle.*

Quand May nous libère, Odile saute à bas de la voiture, et Batty se précipite vers elle en aboyant. Elle se penche et le laisse lui lécher le visage. Mathieu s'étire, enlève son chapeau et ouvre son col. Marguerite lisse les cheveux d'Odile et lui donne un baiser et nous ne tardons pas à nous entasser à nouveau dans la voiture en riant. Mathieu nous conduit tous au café, pour manger des *pâtisseries.* On dirait une journée de vacances : Batty est sur mes genoux, la toile et les couleurs de May sont fourrées sous le siège, Odile est assise sur les genoux de sa mère, et Mathieu, son gibus de satin incliné de façon canaille sur son front, nous fait traverser un tunnel d'arbres tandis que le soleil se remet à briller, projetant des taches de lumière le long de l'*allée.*

vi.

Le jour où nous posons pour la seconde fois dans le Bois, le ciel est d'un bleu intense et le soleil brille comme en plein été.

Je suis assise dans la voiture à m'éventer, avec Mathieu derrière moi, quand Odile nous rejoint avec son oncle Edgar. Elle sautille à ses côtés et sourit en me disant *« Bonjour, mademoiselle »*. Elle se met à rire franchement en apercevant Batty. Se tournant vers son oncle, elle lui demande : « Est-ce que je peux lui donner quelque chose que j'ai gardé de mon petit déjeuner ? »

Edgar jette un regard amusé à May et lui répond : « Pose plutôt la question à la patronne de Batty. »

Odile montre alors à May une fraise minuscule, à moitié écrasée pour avoir été tenue trop longtemps dans sa main.

— Mais bien sûr ! lui dit May. Batty adore les fraises.

— C'est ce que je pensais, commente Odile en opinant de la tête. Mon chien les adore, lui aussi.

Elle lance en l'air la fraise, et Batty l'attrape au vol, les yeux étincelants.

— Et maintenant, occupons-nous de ta main, *ma petite*, dit Edgar en tirant un mouchoir de sa poche et en frottant la main d'Odile énergiquement. Tu es pleine de surprises, pas vrai ? J'étais loin d'imaginer que tu avais gardé cette fraise dans ta main depuis que nous avons quitté l'hôtel !

— Nous ne resterons dans cet hôtel qu'une semaine encore, après quoi nous irons chez ma tante Thérèse, puis au bord de la mer, pour changer d'air, confie Odile à May.

— C'est merveilleux ! lui dit May en disposant ses couleurs.

Elle fait tomber un pinceau, et Edgar se baisse pour le ramasser. Tandis qu'il le lui tend, la brise cesse de souffler, et l'herbe semble chatoyer sous l'effet de la chaleur. La pelouse en pente encadre leurs deux silhouettes d'un ton vert tirant sur le doré. May se tient tout près d'Edgar, l'ourlet de sa jupe bleue touchant presque sa canne. Je me sens brusquement abandonnée, avec un peu l'impression d'être devenue un pur esprit, comme si ma chair s'était volatilisée.

Je regarde ma sœur et Edgar, et je sais que je suis moi-même hors champ.

Au bout d'un moment, Edgar appelle Odile, la prend par la main et l'entraîne vers la voiture. Mathieu saute sur son siège derrière moi, et Edgar s'écrie : « En route ! » tout en soulevant Odile dont la robe rose flotte comme une bannière.

Cependant qu'il fait asseoir Odile sur la banquette en défroissant sa robe, il jette un coup d'œil dans ma direction et, avec l'agilité d'une patte de chat foulant une prairie, quelque chose passe entre nous dans la lumière radieuse. Il me regarde de l'air de quelqu'un qui me connaît, qui aurait percé à jour ce que je sais, et aussi ce que je désire.

vii.

Tandis que nous posons et que des nuages blancs dérivent dans le ciel, puis disparaissent à ma vue, j'ai de plus en plus chaud dans ma robe.

— Lyddy !

La voix de May me fait sursauter.

— Oui ?

— Tu as l'air à moitié endormie, et j'en dirais autant d'Odile.

— J'ai sommeil, reconnaît Odile.

— Tu ne pourrais pas trouver une histoire à raconter, Lyd ? J'ai oublié le livre de contes de fées que j'avais l'intention d'apporter.

— Il n'y en a aucune qui me revienne, May. Dans ce cas, il faudra que M. Degas en trouve une.

— *Oui,* oncle Edgar ! Raconte-leur ton voyage en Italie, quand tu étais petit. Raconte-leur comment tu as appris à nager, dans le ruisseau, près de Naples, et comment ton frère Achille est tombé dedans et s'est presque noyé.

Degas se met à rire.

— Quelle mémoire tu as ! Qui t'a raconté cette histoire ?

— Toi ! La semaine dernière !

— Eh bien, dis donc ! En fait, cette histoire est trop triste pour mon goût, peut-être même carrément ennuyeuse.

— *Mais non !* C'est une jolie histoire. Tu as sauvé Achille, tu ne te souviens pas ?

— Ah oui. Quelqu'un l'a sauvé : ou moi ou notre précepteur. Qui s'en est sorti passablement mouillé, si je me souviens bien, mais c'était un brave type et, pendant qu'Achille se reposait sur la berge, couvert de serviettes, nous avons eu une empoignade mémorable, ce précepteur et moi, et je l'ai largement dominé, mais il faut reconnaître qu'il y était habitué.

— J'aimerais bien nager ici, dit Odile. Peut-être dans la mare aux canards.

— La mare aux canards est dégoûtante, *mon chou*. Un *gendarme* t'en sortirait, de toute façon, et te réprimanderait sévèrement.

— Je lui fausserais compagnie, et je trouverais un autre endroit où nager.

— Tu as une imagination et un courage hors du commun, Odile ! lui dit son oncle.

viii.

Quand May nous autorise à nous reposer, je me sens anéantie par la chaleur.

Edgar aide Odile à sortir de la voiture puis, avec une prévenance qui ne lui est pas coutumière, il m'offre sa main et je me laisse lentement glisser jusqu'à l'extrémité de la banquette. Il me tient le bras tandis que je descends la marche.

— Vous avez l'air fatiguée, fait-il remarquer.

— Assieds-toi sur la couverture, Lyddy, me dit May en déployant en bordure de la pelouse notre vieux plaid en tissu écossais qui nous accompagne dans tous nos pique-niques. Mathieu ! Allez donc au café nous acheter du camembert et du pain. Oh, et puis, voyez s'ils ont aussi un bon pâté, et peut-être du *saucisson.* Nous allons faire un superbe pique-nique.

Elle lui donne de l'argent. Mathieu a l'air content de pouvoir s'étirer, puis de sauter sur le siège du cocher et de donner un petit coup de fouet visant la croupe de Bichette.

— Du chocolat aussi, Mathieu ! lance à son adresse May. Et du cidre !

— *D'accord, mademoiselle,* crie Mathieu tandis que la voiture roule avec fracas le long de l'*allée,* un nuage de poussière s'élevant derrière elle.

— Ça, c'est bien moi ! s'exclame Odile en regardant la toile de May. Vous voyez ma robe rose ? Et mes chaussures ? Je suis très, très sage, n'est-ce pas ?

— Tu es la reine des enfants sages, dit Edgar.

— Mlle Cassatt est sage, elle aussi.

— Mlle Cassatt est incroyablement sage de son côté.

En me tournant vers Degas, je me rends compte qu'il a les yeux fixés sur moi. Il donne l'impression de trancher dans le vif de ma chair, de la débiter, couche après couche. *Maintenant, nous savons quelque chose de nos secrets respectifs,* semble-t-il dire, ses yeux sombres s'étant faits interrogateurs. *Oui.*

Assise sur la banquette, je peux voir la peinture sur le chevalet de May. Elle a une tonalité sombre que je n'avais pas prévue. Je me reconnais, tout comme je reconnais Odile, et Mathieu, mais nous avons un air étrange, ténébreux, comme si nous allions faire une course peu réjouissante. Chacun de nous regarde dans une direction différente, mais nous donnons en fait l'impression de ne rien voir. Les superbes couleurs du visage d'Odile et de sa robe apportent à l'ensemble une touche éclatante, mais des couleurs moins riantes l'entourent : le noir et le rouge foncé de mon bonnet, les différentes nuances de noir du gibus et du manteau de Mathieu, la queue de Bichette, le fouet. À l'arrière-plan, les arbres qui, en fait, ont un aspect si engageant et estival avec leur cime verte (je jette maintenant un coup d'œil dans leur direction) sont une masse indistincte. Quant à moi, j'affiche un air grave, déterminé, pour ainsi dire stoïque, regardant droit devant moi tout en tenant les rênes et le fouet. Mais, bien entendu, le tableau n'est pas encore terminé.

Et voilà que, tout d'un coup, il m'apparaît comme un message que May m'adresserait. *Je sais,* dit la peinture, *que tu es en route vers un autre horizon, plus sombre que le nôtre. Et même si tu me trahis en t'en allant, je t'offre de la compagnie, celle d'une enfant et d'un palefrenier qui resteront avec toi quand je ne pourrai plus être à tes côtés. Je n'ai pas les moyens de rendre ton voyage plaisant, mais je te promets à tout le moins de témoigner de ton passage.*

May et Edgar s'asseyent à côté l'un de l'autre sur le plaid, me faisant face, tandis qu'Odile passe à notre hauteur en courant, avec Batty sur les talons. À son retour, Mathieu remet le déjeuner entre les mains de May et jette un bâton à Batty. May rompt le pain, et Edgar sort un couteau de poche pour découper le fromage. Je verse le cidre dans nos verres.

Tout en mangeant le camembert tartiné sur du pain et en goûtant aux délicieux petits *cornichons*, je contemple la toile de May. Elle a peint quelque chose de rouge qui sort de mon cœur. Je jette un regard à ma veste de soie et à mon écharpe. Elles présentent différentes nuances de rouge, c'est vrai, mais il se trouve que May a fait de ces rouges autre chose qu'une veste ou une écharpe : quelque chose qui s'écoule, un fleuve avec des affluents. Et là, autour de ma robe, juste au-dessous de mes genoux, elle a peint un second ruban cramoisi, de même qu'elle a orné la robe d'Odile de bandes d'un autre ton de rouge, celui des fraises écrasées.

Mon cidre se répand sur l'herbe. Je redresse mon verre et, un peu comme si je me trouvais dans un milieu aquatique, je me dirige lentement vers la voiture, avec l'intention d'ouvrir mon ombrelle. Peut-être cette nausée et ce vertige proviennent-ils uniquement de la chaleur.

— Mademoiselle Cassatt ! *Vous voyez ?* Regardez comme Batty saute bien !

Je m'efforce de sourire à Odile qui tient en l'air un bâton pour faire sauter Batty, et puis le ciel, et les arbres, et May et les autres semblent tournoyer sens dessus dessous, et je m'écroule sur les genoux au milieu de l'*allée.*

ix.

Rentrée à la maison, je suis à nouveau malade, très malade. C'est à peine si je sais qui est assis à côté de moi, dans ma chambre. Ce doit être May. Je la reconnais au contact de sa main. Je vois le bleu foncé de sa robe, mais je me sens trop mal pour la regarder. Elle m'apporte la cuvette quand je la lui réclame, et elle me lisse les cheveux, tandis que je m'ouvre, telle une écluse. Je souffre. Je souffre. Que Dieu me vienne en aide.

De l'autre côté de la fenêtre, couvrant les bruits de l'avenue, j'ai l'impression d'entendre une voix d'enfant, comme le cri d'un étrange oiseau qui planerait, haut dans les airs.

Des ombres se profilent dans ma chambre, d'un noir profond, mais aussi grises, et même rouges. Je ne pensais pas que des ombres pouvaient arborer tant de couleurs différentes.

J'entends quelqu'un dire : Lyddy. C'est Mère. Sa main est fraîche et douce sur mon front. Tu vas, tu vas bien. Je secoue la tête et me mets à pleurer. Tu as mal. Mal. Oui. J'appelle le médecin. Que peut un médecin.

Des heures s'écoulent, des jours entiers, et je vois en me réveillant une fille aux cheveux couleur caramel auprès de mon lit. S'agit-il d'un rêve ? Je me le demande, puis je comprends que c'est Odile. Elle porte son chapeau, un manteau blanc et des gants. Edgar se tient dans l'obscurité. J'espère que tu ne tarderas pas à te rétablir, me dit-il. Ta sœur est au désespoir sans toi. Je m'efforce de sourire, mais mon visage ne se plie plus à ma volonté, et je dis : Tu vas bien ? Et il répond : Oui, et je demande aussi à la petite fille si elle va bien, et elle répond : Oui, mademoiselle. *Elle a à la main un bouquet de tulipes rouges, et May le prend, à moins que ce ne soit Mère, et lui dit merci* ma petite, *elle sera très contente de les avoir quand elle se sentira assez bien pour les regarder, et quand j'ouvre à nouveau les yeux, Edgar et la petite fille sont partis.*

Dans la lumière de l'après-midi, je vois Thomas, assis calmement au pied de mon lit, le regard fixé sur moi. Abasourdie, je lui demande : Tu n'es pas mort, alors ? et il sourit. Tu me vois devant toi, non ? rétorque-t-il. Oui, je te vois. Il se met à rire et hausse les épaules, banal et beau comme la journée. Se rapprochant de moi, il demande : C'est quoi la mort, dans ce cas ?

X.

En ouvrant les yeux, j'aperçois May assise sur le bord de mon lit, des cernes sombres sous les yeux. Je me tiens immobile, attendant que survienne la douleur mais, pour l'instant, il n'y a pas de douleur.

— C'est le matin ?

— *Oui.*

— J'ai été malade longtemps ?

— *Oui.* Plusieurs jours.

— Et… j'hésite… Odile va bien ?

— Évidemment qu'elle va bien.

— Elle reviendra ?

— Un jour, j'en suis sûre. Marguerite a décidé de les emmener dans le Midi, à Nice.

— Mais la peinture ?

— Je l'ai terminée.

— Comment ?

— Eh bien, j'avais peint ton visage. En fait, je t'avais presque entièrement peinte avant que tu ne tombes malade, Lyddy, tu t'en souviens ? Puis Mathieu et Odile ont posé encore deux jours.

— Qui a tenu les rênes ?

— Louie les a tenues. Elle est venue avec nous, pour m'aider à finir la toile.

— Alors… elle est finie ?

— Oui.

— *Et…* elle te plaît ?

May semble triste.

— Oui, elle me plaît.

— J'ai l'intuition qu'elle est réussie, May. *Une rivière rouge, silencieuse, terrifiante, s'écoule de mon cœur.*

— Oui. Et maintenant, tu dois te rétablir.

Mais c'est là quelque chose que je ne sais apparemment plus faire.

May ouvre les rideaux, et la lumière me fait mal aux yeux. Depuis quand n'ai-je pas vu la lumière ?

Je pense à la peinture.

Est-il possible que je sois en voyage ? Et si oui, qui m'accompagne ?

xi.

Au cours de l'après-midi, on sonne à la porte et, au bout de quelques instants, j'entends Mère qui parle à quelqu'un.

— Degas est ici, annonce-t-elle en passant la tête dans l'embrasure de ma porte. Tu penses pouvoir venir lui dire bonjour ?

Aller d'une pièce dans une autre semble au-dessus de mes forces. Je me sens, en outre, troublée à l'idée d'affronter Edgar toute seule, sans May. Je ne sais pas au juste pourquoi j'éprouve ce trouble. Je secoue négativement la tête, et le visage de Mère disparaît.

Il ne tarde pas à apparaître une nouvelle fois dans l'embrasure de ma porte.

— Est-ce qu'il pourrait venir lui-même te voir ici, Lyddy, quelques instants seulement ?

J'hésite. Je dois avoir une mine affreuse, être pâle et pas du tout présentable. Je n'ai pas pris un vrai bain depuis des jours et des jours.

— Je...

Je jette un regard circulaire sur ma petite chambre et passe la main dans mes cheveux.

Mère devine en partie mon sentiment de panique. Elle me brosse les cheveux, les ramassant en un simple *chignon* et m'apporte un bonnet propre. Puis elle m'aide à me mettre sur mon séant, et recouvre ma liseuse d'un châle blanc.

Quand Edgar pénètre dans la chambre, Mère l'invite à s'asseoir dans le fauteuil, au chevet de mon lit, et prend place elle-même sur l'ottomane, à côté de la coiffeuse. L'air légèrement mal à l'aise derrière son habituelle posture ironique, il scrute mon visage. Pour une fois, à ma grande surprise, d'être regardée par lui me fait plaisir. Je sens que mon cœur s'accélère et me rends compte que j'ai envie d'être observée par quelqu'un qui voit les choses avec lucidité.

Mère et Edgar échangent des propos concernant les membres de sa famille. Quand elle quitte la chambre quelques minutes pour prendre son ouvrage de couture, je le regarde. Je me déleste de ma timidité comme d'une robe qui tomberait par terre, quelque chose que j'étais habituée à porter.

— Tu vas mieux ? demande-t-il.

— *Oui, pour le moment.*

Il médite mes mots.

— Un moment peut revêtir une grande importance.

— Je souhaite autre chose et plus que ça.

— J'entends bien. Qui ne souhaiterait pas autre chose et plus ?

Mes yeux me piquent.

— Ma famille a du mal à admettre qu'il me reste peu de temps à vivre. Je crois que May commence, pour sa part, à l'admettre.

— *Et toi ?* Tu as du mal à l'admettre de ton côté ?

— Je ne veux pas me volatiliser.

— Te volatiliser ? *Mais* ce n'est pas de ça qu'il s'agit, voyons !

Je me frotte la joue sauvagement. Je veux à tout prix éviter de pleurer.

— De quoi s'agit-il alors ?

Il hausse les épaules.

— De voir. De créer quelque chose.

Ses yeux rencontrent les miens, et il soutient mon regard.

— C'est ce que tu fais. Tu sais comment t'y prendre, mieux que la plupart des gens. Tu vois les choses, je peux le certifier. *Le bras de May autour de son cou, deux silhouettes qui s'étreignent. Je revendique cette image pour moi toute seule.* Il ajoute : Tu as donné à ta sœur plus que tu ne penses.

J'ai abordé un nouveau paysage en compagnie de cet homme, un lieu dépouillé, avec très peu d'arbres. Une lumière puissante le baigne, et pourtant, il reste en grande partie dans l'ombre. Il ne s'agit pas d'un désert, encore que, je le sais, je ne pourrai pas y étancher entièrement ma soif.

— Je l'aime, dis-je.

— *Oui, évidemment,* et tu lui donnes aussi autre chose. Tu lui donnes… il marque une pause, cherchant ses mots. Le sentiment de quelque chose d'extrêmement élevé, de quelque chose à quoi elle doit aspirer dans son travail de peintre.

— Et c'est bien ?

Edgar part d'un rire aigu et bref.

— Bien ? *Oui, c'est bien.* Nous avons tous besoin de quelque chose à quoi aspirer, vers quoi tendre, au prix de gros efforts si nécessaire, vers quoi ramper sur un terrain fangeux ou pierreux, avec l'idée de l'atteindre, et cela au risque de ne le comprendre qu'en partie seulement.

— Mais c'est ce que je recherche pour mon propre compte, dis-je, surprise par mon alacrité. Je veux être cette personne qui se cramponne et rampe au besoin pour se lancer à la poursuite de quelque chose que j'aime et que je souhaite conquérir.

Débridé, ce regard que nous échangeons, complètement fou. Edgar semble à l'écoute de ce que je ne peux pas exprimer : comment je voudrais vivre, entrer sous la tonnelle, nager dans les baisers, quitter ma pose et entrer de plain-pied dans ma propre vie.

— Qui te dit que ce n'est pas ce que tu es en train de faire ? demande-t-il à voix basse, mais d'un ton impérieux. Qui te dit que tu n'es pas en train de te diriger vers quelque chose ? Tu me parais être de la race des gens capables d'accomplir ce genre d'effort.

— Je suis à la veille de mourir.

— *Oui.* Je sais.

— Et je n'ai rien créé. Il n'y a rien que je puisse laisser derrière moi.

— Mais tu as consenti à figurer dans la peinture.

— C'est autre chose, ça.

Ma voix est rauque, éraillée.

— Tu crois vraiment ? Je me le demande. Il se trouve aussi que quelqu'un peut travailler à quelque chose qui ne deviendra jamais une œuvre d'art, qui n'aura peut-être même pas d'existence concrète. Mais ce quelque chose, on peut l'avoir ici.

Il touche ses yeux puis s'approche davantage de moi et dit sans prononcer un mot plus haut que l'autre :

— Tu sais, tu es l'être qu'elle aime le plus au monde. Elle n'aimera jamais personne autant.

Comment peux-tu dire, dans ce cas, que tu ne laisses rien derrière toi ?

Il reprend place dans le fauteuil et fixe sur moi un regard sombre.

— Tu es superbe, pour tout dire.

Je laisse ses mots flotter dans l'air, tomber autour de moi comme des fleurs de cerisier. *N'importe quoi* : voilà ce que j'aurais dit à n'importe qui d'autre, en n'importe quelle autre circonstance, mais dans ce moment qui tient du rêve éveillé, dans ce désert en fleurs, j'accepte ces mots comme un cadeau inespéré.

Degas se frotte les yeux, et je repense à une réflexion que May m'a faite il y a deux ou trois semaines :

— Ses yeux lui posent un problème.

— Un problème ?

— Il n'a pas une vision correcte. Quand il fixe une chose, il n'en voit pas le centre.

— Comment est-ce possible ? Il peint. Il n'arrête pas de peindre.

May se contente de hausser les épaules en me regardant.

— Évidemment qu'il peint.

— Mais… que va-t-il se passer ?

— Je ne sais pas. Il pense qu'il pourrait devenir un jour aveugle.

V. *Lydia assise devant un métier à broder*

je tiens alors la petite main de May, et nous sommes dans la prairie, derrière notre maison de Hardwick, et nous marchons dans les hautes herbes, au milieu des lucioles, nous franchissons la barrière, dépassons la grange et traversons le jardin, nous dirigeant vers la maison, et je vois de la lumière à l'intérieur, et Ella se tient à la porte d'entrée, nous faisant signe que nous devons rentrer nous coucher, et

Paris, juin 1881.

i.

Tout en fixant le morceau de soie sur mon métier à broder, je m'imagine les yeux clairs d'Elsie.

À ma mère, occupée à lire le journal dans sa chambre, je demande en haussant la voix :

— Que penses-tu qu'Elsie aimerait avoir sur sa taie d'oreiller ?

Mère se dirige à pas lents vers ma porte. Je l'entends qui marche en pantoufles sur le tapis, j'entends les soupirs qu'elle pousse.

— Tu as regardé dans ça, Lyddy ?

Elle me montre le catalogue de modèles et les revues empilées sur ma coiffeuse.

— J'ai tout regardé.

— Tu pourrais essayer de broder cette fois encore des fleurs.

Mère se laisse tomber lourdement sur mon lit et enlève ses lunettes, qu'elle essuie avec son châle.

— La taie d'Elsie ne devrait quand même pas trop ressembler à celle de Sister.

Sur celle de Sister, j'avais brodé une frise de roses entrelacée, *comme les roses de la tonnelle par une journée d'août torride et odorante.*

— Pourquoi pas des fleurs des champs ?

— Des fleurs des champs. Oui, oui.

Excellente idée, me dis-je. Elsie ne ressemble-t-elle pas elle-même à une fleur des champs, avec son teint coloré et son tempérament de sauvageonne ? Je voudrais que les enfants puissent à jamais rester comme ça. May est encore un peu comme ça, en tout cas plus que la plupart des femmes que j'ai pu rencontrer jusqu'ici. Je me souviens comment, l'été dernier, Elsie ne pouvait s'empêcher de cueillir les fleurs dans le jardin. May et moi l'avions emmenée au bord de la rivière et laissée cueillir des brassées de fleurs des champs, des herbes folles aussi, car elle les trouvait aussi belles que des fleurs.

— Il se trouve que celles que je connais le mieux sont les fleurs des champs américaines, dis-je.

— Eh bien, Elsie est une Américaine pur sucre, rétorque Mère d'un ton narquois. J'ai encore le livre qui répertorie les fleurs des champs américaines. Je vais te l'apporter.

Elle se lève avec effort et sort lentement de ma chambre.

Je m'absorbe dans les illustrations de son livre et savoure les noms des fleurs, qui donnent l'impression de chanter et de mordre : colchique, ancolie, dent-de-chien. J'éprouve tout d'un coup une folle envie d'avoir sous la main mon carnet de croquis, celui où je dessinais à la plume et peignais à l'aquarelle des fleurs des champs l'été où j'avais accepté d'épouser Thomas. Je me demande si Mère l'a encore, si elle l'a rangé dans un coffre, ici ou en Amérique, ou s'il est quelque part, au milieu des papiers d'Aleck.

Je coche les fleurs qui me plaisent le plus, puis je commence à faire des esquisses sur du papier. Je voudrais quelque chose de moderne, qui ne fasse pas vieux jeu : des formes nettes et pures. Je jette une ébauche après l'autre. Je saurai reconnaître la bonne quand je l'aurai faite.

Notre appartement est paisible ce matin. Père est allé faire du cheval, et Mère lit dans sa chambre. May est, je pense, à son atelier (*et qui se trouve avec elle ? et que font-ils ? J'imagine Edgar en train de se prélasser dans le fauteuil à côté d'elle, de fumer, de se frotter les yeux, les pigeons en train de roucouler, et May de parler à son nouveau modèle*).

Aujourd'hui, j'ai comme l'impression d'être sortie de la peinture. Par moments, au cours de cette matinée, j'ai un don de prémonition : *voilà à quoi le monde ressemblera quand tu ne seras plus là. Voilà comment il continuera de tourner sans toi.* J'ai envie de jeter mes bras autour de la journée, de l'étreindre fougueusement, de lui interdire de me laisser m'en aller.

Il y a un mois, au cours de l'après-midi où Edgar était venu à mon chevet, il m'avait semblé m'offrir une image de moi-même à laquelle je devrais m'efforcer de ressembler. Cette image me montrait douée de grâce, de force et de courage. Et il avait eu la gentillesse d'assurer que c'était moi qui lui avais laissé entrevoir une telle image. *« Tu m'enseignes comment vivre, avait-il dit. Si seulement je pouvais prendre modèle sur toi ! »*

ii.

Un après-midi de juin, je commence à couvrir de points de broderie le morceau de soie destiné à Elsie. J'essaie de me concentrer entièrement sur ce travail, sur cet « ici et maintenant ». J'ai été si malade ce mois-ci que je commence à me demander si je pourrai jamais poser de nouveau pour May, et même si elle me le demandera jamais.

J'ai prévu sept cercles, à broder au point de devant et dans une couleur vert herbe sur le fond blanc, chacun d'eux destiné à encadrer une fleur des champs. J'ai choisi des fleurs qu'Elsie sera capable de reconnaître : boutons-d'or, œillets de poète, trèfles des prés, sabots de la Vierge roses, ellébores, ancolies sauvages.

J'entends May qui ouvre la porte d'entrée. Elle pénètre dans ma chambre au moment où je suis en train de passer un fil de soie jaune dans l'aiguille, pour m'attaquer aux boutons-d'or. Elle donne l'impression d'avoir monté en courant les cinq étages qui conduisent à notre appartement.

— Tu rentres tôt.

— Oui, je rentre tôt.

May enlève ses gants grenat et les pose sur le cadre de bois de mon métier à broder. Elle semble avoir chaud.

— Tu es allée à la galerie ?

— Oui. J'y ai vu un certain nombre de choses intéressantes. Il faudra que j'y retourne avec Louie et que je la pousse à acheter l'une ou l'autre des œuvres exposées. Renoir en a une nouvelle à vendre et Camille Pissarro a signé quelques peintures intéressantes.

— Et Degas ?

May effleure mon métier à broder.

— Degas présente un étonnant pastel. Je devrais l'acheter, à seule fin que tu puisses le voir. Je vais engager Louie à l'acheter.

Elle regarde par-dessus mon épaule.

— Oh, Lyddy, j'aime ce que tu as dessiné là !

Je perçois une inflexion nouvelle dans la voix de May : est-elle induite par le chagrin ? ou tout simplement par la fatigue ? Elle arpente ma chambre, posant la main sur ma brosse à cheveux, lissant mon couvre-lit, remettant d'aplomb mes livres.

— Tu es en train de lire Tennyson ? demande-t-elle en ouvrant un petit livre à couverture dorée.

— Oui.

— Ah ! « Les Mangeurs de lotus. »

Elle s'assied dans le fauteuil, à côté de mon lit, et se met à lire.

Au bout d'un moment, je lui demande :

— Qu'est-ce que tu peins en ce moment, May ?

Elle lève les yeux et hausse les épaules.

— Oh, rien de bien passionnant. J'ai commencé un nouveau tableau avec pour modèle une amie de Louie, mais je n'en suis pas très contente.

— Tu es sûre ?

— Ça peut aller, à la rigueur, mais ça ne présente pas beaucoup d'intérêt. À vrai dire, je suis en quête d'une nouvelle idée.

— Et tes gravures ?

— Je suis fatiguée des gravures pour l'instant.

May poursuit sa lecture, tandis que je brode un de mes boutons-d'or.

— Lyddy.

Je lève les yeux.

— Tu accepterais que je te peigne à nouveau ?

Sa question me fait presque trembler, j'ignore pourquoi.

— Je suis affreuse.

— Comment peux-tu dire une chose pareille ? Tu es telle qu'en toi-même !

— Je suis blafarde.

— Tu as simplement un teint de blonde.

May m'adresse un sourire taquin.

— Je te donnerai des couleurs, *de toute manière.*

— Je me sens si lourde, May, tu ne peux pas t'imaginer. Je me trouve une lenteur d'hippopotame, ces temps-ci. Je ne suis même pas sûre de pouvoir aller à pied jusqu'à ton studio. J'éprouve des douleurs grotesques.

— Dans ce cas, je pourrais te peindre ici même.

— *Ici ?*

— Dans ta chambre.

— *Mais*... il y aura l'odeur de la peinture, non ? Et puis, tu manqueras d'espace.

Je jette un regard sur ma chambre.

— La peinture ne sentira pas si fort. Nous aérerons chaque jour, après la séance de travail. Quant à l'espace, je m'en arrangerai.

Je regarde son visage, les cernes qu'elle a sous les yeux.

— Tu n'as pas d'autre modèle pour l'instant, May ?

— Bien sûr que j'ai d'autres modèles. Mais c'est toi que je veux. Je rêve de peindre ce tableau, Lyddy, ce tableau où on te verrait en train de broder.

Tu t'autorises à figurer dans la peinture. Le sentiment de quelque chose d'extrêmement important.

— D'accord. Je poserai.

— Merci.

May me serre très fort contre elle.

— Tu penses que nous pourrions commencer demain matin ?

— Demain matin, oui.

May se lève et ouvre ma penderie. Elle passe en revue mes robes.

— Et... tu pourrais porter cette robe ?

Elle sort ma robe de soie saumon imprimée de fleurs avec un col officier.

— *Bien sûr* que je la porterai.

iii.

Le matin, après le petit déjeuner, j'enfile ma robe saumon, j'arrange mes cheveux et je regarde les boutons-d'or que j'ai brodés hier. Je peux sans peine m'imaginer Elsie passant le doigt sur les tiges vertes et les fleurs jaunes avant de s'endormir, par une chaude nuit d'été, alors que la lumière baigne encore la pelouse de l'autre côté de sa fenêtre, ou par une nuit de plein hiver, son oreiller ressemblant à une prairie au cœur d'un univers d'une morne blancheur.

Souviens-toi de moi, ai-je envie de dire à cette jeune nièce. *Fais en sorte que je ne sois pas oubliée.* Et n'est-ce pas exactement cela que j'ai envie de dire à May et aux autres ? À Edgar aussi, lui dont j'ai toujours pensé qu'il était tout bonnement brutal, et dont la gentillesse chatoie, sous un certain éclairage, comme de petites touches de peinture dorée pailletant ses épaules, et son visage, et vous désarçonnant complètement. *Tu es superbe, a-t-il dit, et, à ma grande surprise, je pense en cet instant que si je devais aimer quelqu'un aujourd'hui, ce serait cet homme, avec son arrogance et ses défauts, car à ce moment-là, dans l'étrange configuration où nous nous trouvions, j'avais été bouleversée, émue, comme s'il avait tranché dans le vif de ma chair. Je sais bien qu'il ne s'agit pas d'amour de la façon dont May l'entend, mais c'est malgré tout une forme d'amour, surgissant de quelque vérité pénible et que nous avons considérée ensemble, vérité et désir mêlés.*

Lorsque May arrive avec son chevalet, je remarque ses gants grenat toujours posés sur le métier à broder.

— Tu ne crois pas que tu devrais enlever tes gants d'ici, May ?

Elle suit mon regard fixé sur le métier à broder.

— Je les avais oubliés, ces gants, mais, tout compte fait, ils me plaisent bien là où ils sont, Lyd. Je crois qu'ils ajoutent quelque chose à l'ensemble.

Je hausse les épaules. Tandis que May installe son chevalet et se prépare à peindre, je passe dans mon aiguille un fil de bourre de soie bleu ciel destiné à l'œillet de poète sauvage, et commence à broder les pétales dans un point en forme d'arête de poisson. Chacune des petites fleurs a cinq pétales, semblables à cinq cœurs délicats, et toutes les autres fleurs placées côte à côte créent un jaillissement de couleurs.

Je retiens presque ma respiration en me lançant dans les premiers points. Je ne peux jamais savoir d'avance si mon dessin rendra bien. La couleur est éclatante contre le fond blanc et, au bout de quelques minutes, je parviens à me rendre compte que, même sur une simple rangée, les pétales ressembleront à s'y méprendre aux innombrables pétales d'un œillet de poète.

iv.

— Tu pourrais ne pas bouger les mains pendant quelques instants, Lyddy ?

Je reste immobile, fixant ma main droite, tenue juste au-dessus du morceau de soie, comme si je m'apprêtais à y passer l'aiguille. Entre mes doigts, l'aiguille jette une lueur argentée. Le dé de porcelaine de Mère couronne mon index. La soie est transpercée par l'argent. Je garde ma main gauche immobile, juste sous le tissu, retenant l'aiguille quand elle le traverse.

May est si près de moi que j'entends le moindre bruissement de sa jupe. L'odeur de citronnelle de son eau de Cologne se mêle à celle, plus forte, de la peinture à l'huile.

Quand Edgar se présente, en fin de matinée, il semble avoir chaud et être essoufflé. En quittant ma pose, j'aperçois sa chemise trempée de sueur sous sa gabardine. Je sens une sorte de bourdonnement au fond de moi.

— Ta sœur m'a annoncé que tu posais de nouveau pour elle, dit-il. Je voulais voir ça par moi-même.

Je souris, et je sens que mes joues sont en feu. *Alors, tu es amoureuse ?* Telle est la question que je me pose. *Et qu'attends-tu qu'il arrive ? Rien. Rien. Rien d'autre que ceci : son regard rivé sur moi, l'espace entre nous parcouru par quelque chose de bleu, de doré, d'à peine visible. Voilà qui me suffirait.*

May me regarde avec curiosité. Elle donne l'impression d'avoir oublié ce qu'elle est en train de faire, et la raison de sa présence ici. Elle est sur le point de me poser une question, puis paraît se raviser.

Tout ce que je parviens à me dire, c'est que ce bourdonnement est quelque chose dont je suis consciente et que j'assume. Je ne suis coupable de rien d'autre.

Degas se laisse tomber dans le fauteuil à côté de mon lit, et May m'aide à retrouver ma pose. Elle effleure mon épaule — « Bien, Lyd » —, puis mon menton — *« C'est bien. »* Avant de s'éloigner, elle porte la main à ma joue. Sa main est chaude et, dans un moment d'égarement, je suis avec May sur une pelouse de Pennsylvanie, *sa petite main toute chaude sur ma joue, tandis qu'elle dirige mon visage vers elle pour capter mon attention. Lyddy.*

Mes joues continuent d'être en feu cependant que je regarde ma broderie, et l'aiguille où j'ai passé un fil d'un violet somptueux pour broder l'ancolie sauvage. Je fais quelques points avec la bourre de soie, espérant pouvoir venir à bout d'une partie de cette fleur montrée à l'envers, avec son gai plumage et son bonnet d'âne, avant que May ne me demande de reprendre ma pose.

— Voulez-vous que je vous fasse la lecture ? demande Edgar. Et que diriez-vous de Tennyson ?

Je sais que May va réclamer « The Lady of Shalott », et je ne me trompe pas. C'était son poème préféré quand elle était petite. Dits par Degas, et avec son accent, les mots de Tennyson semblent projeter des morceaux de couleurs, les rimes transformant ces couleurs en arcs, aussi solides que des filets.

Elle délaissa la toile, l'étoffe,
Elle délaissa le métier à tisser,
Elle fit trois pas dans la chambre,
Elle vit la floraison des nénuphars,
Elle dirigea son regard vers Camelot.

Lydia brodant, Collection of the Flint Institute of Arts, donation de la Fondation Whiting, 1967.32.

J'aimais autrefois ce poème, que je trouve aujourd'hui un peu sot, trop romantique et mélodramatique, et Edgar semble penser la même chose, car il le lit avec une intonation moqueuse, minorant le sens du tragique de Tennyson quand la Lady chante son dernier chant d'agonisante en rejoignant Camelot, le cœur épuisé par son amour pour Lancelot. Edgar reprend toutefois un ton plus sérieux en abordant les derniers vers. May et moi les récitons par cœur avec lui.

Il dit : « Elle a un visage adorable ;
Dieu, dans sa miséricorde, lui a accordé cette grâce,
À la Lady of Shalott. »

Le poème flotte dans la chambre.

— *Pas mal,* fait Edgar.

Je regarde mes doigts, en train de pousser l'aiguille, avec le fil violet. J'aurais voulu voir son visage. Je sens son regard sur moi, à la fois incisif et empreint de douceur, grave et amusé, passionné et objectif.

— Tu dois avoir envie de faire une pause, n'est-ce pas, Lyddy ? demande May.

— Ça va, lui dis-je, tout en pensant : *Non, ce n'est pas d'une pause que j'ai envie, mais d'être ici, avec cette lumière, cette aiguille, ces yeux.*

V.

Quand nous avons fini de prendre le thé, May s'habille : pour aller retrouver des amis, dit-elle, à la Comédie-Française. J'imagine Edgar assis derrière elle, en partie dans l'ombre.

Après avoir écrit une lettre à chacun des enfants d'Aleck, je me tiens dans la lumière de la lampe, pieds nus et en peignoir, à regarder la peinture de moi que May a mise en chantier. C'est déjà une peinture saisissante, montrant une femme derrière un métier à broder, en train de tirer l'aiguille, la tête penchée en avant. Cette gerbe d'éclaboussures blanches sur le côté gauche de la toile, ce doit être le rideau. May a souligné d'un trait doré mon cou, mon épaule et mon bras droit. Elle a déjà représenté mon visage avec une grande précision. Mais quelle est donc cette tache de grenat foncé, tirant sur le noir, presque au centre de la peinture ? Je jette un coup d'œil sur mon métier à broder et aperçois les nouveaux gants de May, tranquillement posés dessus.

Le sentiment de quelque chose d'extrêmement important.

Dans mon lit, j'ouvre mon recueil de poèmes de Tennyson à la page où figure « Tithonus ». Un poème magnifique, à la progression lente, d'une certaine manière un poème d'amour.

Je m'étiole lentement dans tes bras,
La paisible frontière du monde est ici.

Je m'éveille et sors d'un rêve (*je me trouve sur un bateau, et le ciel s'est assombri. Quelqu'un qui se tient derrière moi frôle mon bras. En me retournant, je vois qu'il s'agit d'Edgar, mais il est plus jeune, beaucoup plus jeune, avec un visage plus ouvert, une expression passionnée. Il fait le geste de porter ma main à ses lèvres, puis s'arrête à mi-chemin, et*). Une silhouette obstrue l'embrasure de ma porte. Je prends peur un court instant (*une femme a été assassinée pas plus tard que la semaine dernière à Paris, ce fait divers me revient, avec les détails scabreux entourant le compte rendu qu'en donnaient les journaux*) mais, bien entendu, cette silhouette est tout simplement celle de May. Sa chemise de nuit blanche jette des reflets clairs au milieu des tonalités noires et grises de ma chambre. Elle s'appuie contre le métier à broder sur lequel flotte le morceau de soie blanche, tel un hublot privé de lumière.

— Lyddy.

— Oui, May.

— Est-ce que je peux me mettre dans ton lit ?

May n'a pas formulé ce genre de requête depuis au moins une douzaine d'années — en fait, bien plus longtemps que cela — alors que, petite, elle dormait souvent dans mon lit. À chaque fois que nous emménagions dans une nouvelle maison, je savais que, nuit après nuit, elle traverserait le long couloir obscur et viendrait se glisser dans mon lit, pour y trouver du réconfort. Nous déménagions si souvent !

Je soulève l'édredon, et May vient s'allonger auprès de moi. Je partage avec elle l'oreiller et touche son visage. Si je ne me trompe, il est humide. Je lui caresse la joue, et elle vient tout contre moi, m'enlace et blottit sa tête au creux de mon épaule.

— Tout va bien, May ?

Je touche ses cheveux. Mon rêve connaît une étrange prolongation.

En l'enlaçant moi-même, je suis au contact de ses bras minces, de ses délicates omoplates. Elle sent quelque chose comme du tabac, odeur aigre-douce mêlée à celle du vin et à autre chose encore, de la réglisse peut-être, ou une odeur de poires mûres. Son eau de Cologne à la citronnelle n'a pas le dessus. Elle me semble toute chaude, presque fiévreuse. Ses cheveux effleurent mon cou.

— La pièce était bonne, May ?

— *Oui.*

Elle s'éloigne de moi. Dans l'obscurité, elle s'assied à présent sur mon lit, tout près de moi. Je peux presque voir sa chevelure épaisse, qui couvre de boucles ses épaules. Je ne parviens pas à voir son visage.

— Je suis allée chez Edgar après le théâtre, ajoute-t-elle au bout d'un moment.

Surprise, je ne sais trop quoi dire de prime abord.

— Ah bon ? Et qui est allé chez lui en même temps que toi ?

— Oh, quelques amis, répond May avec circonspection. Je ne pense pas que tu les connaisses.

— Et tu as passé un bon moment avec eux ?

Son bras autour de son cou, son visage radieux.

Elle s'allonge à nouveau à mes côtés, sur le dos cette fois. J'aperçois son visage au teint pâle qui luit dans l'obscurité. Elle reste silencieuse de longues minutes, et puis me dit lentement :

— Oui, oui, j'ai passé un bon moment.

Je me force à m'en réjouir pour ma sœur, à la créditer de son impalpable victoire, connue d'elle seule et, en catimini, de moi. *Tu as réussi là un joli saut, May, dit Aleck, et je lui dis, pour ma part : Fais attention.*

La voix de May se fraie un chemin à travers l'obscurité, pâteuse, étrangement rauque.

— Tu ne m'abandonneras pas, Lyddy, n'est-ce pas ?

May pose la tête contre mon épaule. Je sens sa chaude respiration sur ma peau.

— Reste avec moi, ne sois pas malade. Je me sens incapable de vivre si tu tombes de nouveau très malade et que tu m'abandonnes.

— Tu vivras quand même, May. *Tu vivras.* Tu feras de ton mieux pour vivre.

Je suis obsédée par lui.

— Je ne pourrai pas continuer à peindre.

— Tu continueras à peindre. Tu peindras des choses merveilleuses.

Je viendrai voir ce que tu fais.

— Tu ne comprends pas, Lyddy. Tu ne peux pas deviner. J'ai besoin de savoir que tu es ici. Personne d'autre ne t'égale. Personne. Et elle ajoute : j'ai toujours pensé que je te garderais auprès de moi.

Tu es la personne qu'elle aime le plus au monde.

C'est quoi, la mort, dans ce cas ?

— Eh bien, tu m'as auprès de toi. Je suis encore là.

Je reste allongée dans l'obscurité, à écouter la respiration de May qui devient plus régulière. J'entends les bruits matinaux qui montent de la rue : les sabots des chevaux sur la chaussée, quelqu'un qui se fait héler, un train qui passe au loin. Je serre ma sœur contre moi, dans le noir.

vi.

Le ciel a une couleur éclatante ce matin, approchant du turquoise. Paris est plein de moirures, offrant une multitude de spectacles charmants. Quelle drôle d'idée que d'être malade par une journée pareille !

Après le petit déjeuner, tandis que je pose pour May devant mon métier à broder, je regarde une nouvelle fois mon ancolie sauvage. Je n'ai réussi à faire jusqu'ici que quelques points. J'ai hâte de broder ma deuxième fleur. Mon dos est douloureux, et je ne parviens pas à sentir le dé à mon index. Je ne parviens même pas à sentir l'aiguille, qu'elle soit au-dessus ou au-dessous du morceau de soie. J'ai été de nouveau malade ce matin, et May semblait découragée pendant qu'elle m'aidait à me laver le visage et à m'habiller. Je me demande si ce tableau sera le dernier où je figurerai. Je crois que May se pose la même question, car nous baignons dans un silence d'une qualité particulière. Elle est fortement concentrée sur son travail, et elle peint un très long moment sans s'accorder de pause.

Quand Mère entre dans la chambre pour nous faire la lecture, je lui réclame « Tithonus », parce que ce poème me trotte dans la tête aujourd'hui. Tandis qu'elle en lit les derniers vers, j'écoute avec attention chacun des mots qui les composent :

Garde-moi à jamais dans ton Orient :
Comment ma nature peut-elle se mêler plus avant à la tienne ?
Tes ombres rosées sont pour moi un écrin glacial,
Glaciales sont tes lumières, et glacés sont mes pieds ratatinés
Sur le seuil de ta porte tout miroitant.

— Est-ce que Degas va venir prendre le thé cette semaine ? demande Mère après avoir terminé sa lecture.

— Oui, je pense.

Libère-moi, et rends-moi à la terre.

— Il est occupé ces jours-ci ?

— Oui. Très.

Tu vois toutes choses, tu verras ma tombe :
Tu recréeras ta beauté jour après jour.

— Tu penses présenter ce tableau à l'Exposition des Impressionnistes, l'année prochaine ?

— *Je l'espère.*

Tu recréeras ta beauté jour après jour

Poussière rendue à la poussière, j'en oublie ces espaces déserts
Et ton retour sur tes roues d'argent.

vii.

Je pose encore durant deux jours, et le troisième, au terme d'une longue matinée, May me dit : « Il est temps que tu te reposes, Lyddy. » Sa voix rend un son d'une étrange douceur. Tandis que je quitte ma pose, je la vois occupée à ranger ses couleurs.

— La lumière n'est plus la même, Lyddy. Nous devrions arrêter.

May me fixe quelques instants, la main sur la hanche.

— Tu aimerais regarder ? Je crois que je ne suis pas loin d'avoir obtenu ce que je voulais.

Je n'imagine pas May peignant une autre toile, du moins une toile où je figurerais, qui me plairait autant.

Elle m'a représentée légèrement penchée sur ma broderie, entièrement absorbée dans ce que je suis en train de faire. Le morceau de soie n'est visible que par en dessous, là où ma main se dissout dans de larges aplats de couleur, vieux-rose, blancs, gris-bleu. Je me pose la question : *Mais qu'es-tu donc en train de broder : un paysage ? un bateau* ? Ce pourrait être n'importe quoi. Je suis entièrement adonnée à mon ouvrage.

Je me rends compte à présent que la peinture de May engendre quelque chose qui ressemble à un souvenir. Que ses spectateurs m'aient connue ou pas, elle aura laissé un souvenir de moi à la face du monde. J'y vois en outre ceci : elle m'y représente comme une femme qui a vu ses souhaits accomplis. La journée est lumineuse, la robe de cette femme est comme une prairie, tandis qu'elle se penche sur sa création, sur elle-même, ne désirant que ce qu'elle a déjà. J'aspire à lui ressembler, à éprouver ce genre de plénitude.

— Tu as créé tout un monde, May.

— Tu aimes l'impression qui s'en dégage ?

— Elle est très prenante.

— Je suis contente du résultat que j'ai obtenu ici.

May montre le cadre du métier à broder et fait remonter son doigt jusqu'à la tache grenat qui se trouve au centre de la toile : ses gants. Je me dis qu'elle retravaillera sûrement ce périmètre. Elle ne le laissera pas tel quel, ne lui permettra pas de gâcher une image aussi parfaite.

Mais la voilà qui me dit :

— Je pourrais presque la considérer comme une œuvre terminée.

— Tu en es certaine ?

— *Oui.*

Je regarde le barbouillage de couleurs, qui occupe principalement la partie inférieure de la toile. Tout d'un coup, celle-ci me donne l'impression de trembloter tout entière. Que May consente à voir cette peinture rester en l'état, aussi informe, me conduit à me demander si elle s'est jamais montrée aussi radicale dans ses choix.

— Tu penses travailler encore cette main ?

— Ce n'est pas certain. Elle me plaît comme elle est. C'est comme dans les photographies, Lyddy, quand la personne bouge, ou que l'appareil photographique bouge, et que l'image s'en trouve brouillée.

— Oui, je peux comprendre ça. Mais dans une peinture, on a la possibilité de bien fixer les choses, non ?

Je pense aux heures que j'ai passées à poser ici, avec mon cou qui me faisait mal, pour lui permettre justement de rendre ce genre d'image définitive.

— Et si les choses n'étaient pas toujours vouées à être immobiles, Lyddy ? Réfléchis à ça.

Le monde bouge, la lumière change. Ta main bouge, pendant que tu brodes.

— Mais elle ne bougeait pas tout le temps.

— Si je n'avais pas été en train de te peindre et que tu avais été tout simplement occupée à broder, elle aurait évidemment bougé.

Je me sens embarrassée, comme si j'avais cherché à présenter un argument important à May et que j'avais perdu le fil de mes pensées. *Pourquoi ne pas faire un sort à l'inachèvement, au changement ?* me dis-je, et j'en ris presque en me rendant compte que May a lu dans mes pensées. Même cette image d'une pleine et entière maîtrise de soi doit laisser entrevoir la dextérité qui la sous-tend, sa fragilité, sa promptitude à se dissoudre dans la matière peinte, le côté chaotique du désir.

Si May m'avait peinte sur une île, elle aurait clairement montré comment le sable se déplace, comment l'eau s'attaque à lui, le façonne et le disperse. Quand la foudre s'abat sur un arbre, celui-ci tombe et des lézards filent en direction des broussailles. *Et cette masse liquide de couleur, ici* (je scrute le bordeaux, le grenat, mais de quelle nuance s'agit-il exactement ?), *peut-être est-ce la boue de l'île elle-même, ou le sang* (mon sang), *avec sa consistance improbable. Et s'il s'agit de sang, est-ce celui de la maladie, ou bien celui de la vie ? Mais peut-être est-ce à la fois celui de la maladie et celui de la vie, mêlés dans un même torrent à la fois terrifiant et magnifique ?* Dans la peinture, il est localisé sur mon cœur, un peu comme s'il en jaillissait du cœur, ou s'il jaillissait du cœur de May dans ma direction. Elle en sait plus long sur moi que je ne pensais. Il y a dans cette éclaboussure à la fois une erreur délibérée dans le choix de la couleur et une volonté de provocation : *me voici, pigment, matière, matériau brut, que tu le veuilles ou pas. Sang, désir, amour, souffrance et colère, en même temps. Tu ne peux pas endiguer tout cela. Et la question est de savoir comment vivre avec.*

viii.

Après le déjeuner, May vient jusqu'à la porte de ma chambre où je suis en train de passer dans l'aiguille un fil couleur lavande pour m'attaquer au trèfle d'Elsie. Elle boutonne sa gabardine. Je lui demande :

— Tu sors ?

— Oui.

Elle pénètre dans la chambre et prend ses gants grenat restés sur le métier à broder.

— Tu vas à ton atelier ?

— Non, d'abord à une galerie, puis à mon atelier.

Je la regarde, et elle pose à son tour sur moi son regard malicieux, qui en dit toujours si long.

Quand elle m'embrasse, je sens son eau de Cologne, l'odeur de ses cheveux qu'elle vient de laver. Sous son col de fourrure, j'aperçois un collier de perles et de minuscules rubis que je ne lui connaissais pas.

— *Merci*, Lyddy.

— Mais je n'ai rien fait !

— Tu as posé pour moi. Tu m'as aidée à peindre. Et elle ajoute : j'espère que tu pourras bientôt recommencer à poser.

— Je l'espère aussi, dis-je.

Voici ce que j'ai écrit. Il s'agit d'une lettre adressée à May, mais je ne veux pas qu'elle la voie, pas encore. Je la range dans la boîte qui contient mes modèles.

Ma sœur, mon âme, quand je disparaîtrai, dans le sang de mon cœur, je sais que tu te croiras vouée à disparaître, toi aussi. Ton cœur te fera mal. Il s'éparpillera en coups de pinceau, en fragments et en plumes, et tu te croiras sur le point d'être anéantie, toi aussi. Mais voici ce que je voudrais te dire. Écoute-moi bien, May. Tu te souviendras alors de moi, le visage paisible, vêtue d'une robe évoquant une prairie couverte de fleurs, et penchée sur mon métier à broder par une chaude journée de juin, à Paris. Tu te souviendras de moi parce que tu auras restitué la vérité de mon âme par la peinture. Et, un jour, tu reprendras ton pinceau, tu tendras une nouvelle toile sur un châssis et tu t'attelleras de nouveau à ton travail, et le monde, à portée de ta main, qu'il fasse monter sa clameur dans les journaux ou qu'il murmure dans l'ombre à côté de toi, deviendra plus serein l'espace d'un moment, et tu remiseras toutes ces choses pour créer à nouveau un monde à mettre en regard de cet autre monde, celui que nous croyons connaître, et tu m'entendras en train de murmurer à ton adresse : Courage, May, et tu t'acharneras encore plus à la tâche.

Je t'embrasse,

Lyddy.

En écrivant cela, je me sens presque heureuse. Il est quelquefois possible d'entrevoir un bref instant l'avenir et, pour redoutable qu'il puisse paraître, il peut aussi comporter une part de réconfort. Il est terrible d'imaginer un monde qui continuerait de tourner après ma propre disparition, mais si j'y restais présente pour May, et pour les autres aussi, ayant laissé une trace, comme ce maelström de lumière blanche sur le haut de mon métier à broder ? Peut-être, après tout, ne devrais-je pas avoir tellement peur de disparaître.

ix.

Au cours de cette même matinée, après le départ de May, j'entre dans ma chambre pour regarder l'oreiller d'Elsie, toujours tendu sur mon métier à broder, avec mes croquis colorés de jaune, de bleu, de vert, de violet, de bleu lavande. Ceci aussi est une manière de lettre. Ce désir de communiquer avec quelqu'un, de transmettre un message à l'autre bout d'un océan, d'une ville ou d'une chambre, sans doute est-il poignant, n'empêche qu'il est plein de détermination. (*Apprends-moi à vivre de la façon dont tu vis, m'a-t-il dit, en baignant dans une telle grâce.*) Mes fleurs sauvages me paraissent pour le moins imparfaites. Mais, lentement, je passe dans mon aiguille un fil et commence à broder la campanule. Je ne tarderai pas à broder aussi la fritillaire, après quoi il sera temps pour moi de couper les fils qui dépassent et d'envoyer ce morceau de soie voguer sur l'océan.

Le seul désir qui m'habite est d'être présente au cœur de cette journée, emplie pour l'instant de formes et de couleurs, ma main poussant l'aiguille à travers la soie.

La santé de Lydia Cassatt se détériora gravement au cours de l'été 1881. Elle mourut à Paris le 7 novembre 1882, de la maladie de Bright. Mary Cassatt poursuivit son œuvre de peintre et de graveur pendant plus de trente ans. Elle mourut dans son château de Beaufresne en 1926.

Note de l'auteur

C'est avec profit que j'ai puisé, pour écrire cette œuvre de fiction, dans les travaux d'érudition d'une exceptionnelle qualité menés autour de Mary Cassatt et des Impressionnistes. Je me sens particulièrement redevable à George Hersey, Anne Higonnet et Nancy Mowll Mathews. La récente exposition des œuvres de Mary Cassatt, organisée par Judith A. Barter et accompagnée d'un catalogue consistant — Mary Cassatt, femme de son temps *—, m'a permis de mieux approcher l'art de celle-ci, sa vie de famille et ses relations avec le milieu culturel français de la fin du dix-neuvième siècle. Je voudrais également remercier, pour son aide précieuse, Jennifer Boitin, qui m'assista dans mes recherches.*

CET OUVRAGE
A ÉTÉ REPRODUIT
ET ACHEVÉ D'IMPRIMER
PAR L'IMPRIMERIE FLOCH-LONDON
EN OCTOBRE 2002
POUR LE COMPTE DE QUAI VOLTAIRE
7, RUE CORNEILLE, 75006 PARIS

ISBN : 2-912517-30-3.
Dépôt légal : novembre 2002.
N° d'édition : ★121. N° d'impression : 32994.
Imprimé en France.